MIXED BIKE TRAFFIC FLOW

OPERATIONAL CHARACTERISTICS, SAFETY RISKS
AND MICROMODELING

混合自行车交通流
运行特性、安全风险与微观建模

徐 程◎著

ZHEJIANG UNIVERSITY PRESS
浙江大学出版社
·杭州·

图书在版编目(CIP)数据

混合自行车交通流：运行特性、安全风险与微观建
模／徐程著. —杭州：浙江大学出版社，2023.5
ISBN 978-7-308-23848-9

Ⅰ.①混… Ⅱ.①徐… Ⅲ.①自行车－混合交通－研
究 Ⅳ.①U491.2

中国国家版本馆 CIP 数据核字(2023)第 095424 号

混合自行车交通流：运行特性、安全风险与微观建模

徐 程 著

责任编辑	叶思源　金佩雯	
责任校对	张凌静	
封面设计	雷建军	
出版发行	浙江大学出版社	
	（杭州市天目山路 148 号　邮政编码 310007）	
	（网址：http://www.zjupress.com）	
排　　版	杭州星云光电图文制作有限公司	
印　　刷	广东虎彩云印刷有限公司绍兴分公司	
开　　本	710mm×1000mm　1/16	
印　　张	9.75	
字　　数	184 千	
版 印 次	2023 年 5 月第 1 版　2023 年 5 月第 1 次印刷	
书　　号	ISBN 978-7-308-23848-9	
定　　价	56.00 元	

浙江大学出版社市场运营中心联系方式：0571－88925591；http://zjdxcbs.tmall.com

前　言

电动自行车作为一种便捷、价廉、灵活、环保的绿色出行工具,近年来在我国许多城市(特别是南方城市)呈现出迅猛发展态势。据统计,全国电动自行车保有量从 2004 年底的 1000 万辆快速增长到 2022 年底的 3 亿余辆。一方面,电动自行车作为一种低碳绿色的出行工具,是构成城市绿色出行的重要组成部分,也是建设宜居城市、实现"碳达峰碳中和"目标的重要路径,日益受到人们的欢迎;另一方面,电动自行车交通事故多发、伤亡比例激增,已经成为城市交通治理的顽疾。因此,更加合理高效地针对混合自行车交通流进行管理,有助于提升城市交通治理水平,增强人民群众幸福感和获得感。目前,国内外针对电动自行车以及电动自行车和普通自行车混合运行情况下交通运行机理的研究较为欠缺,面向混合自行车交通流的基础理论与方法体系尚未形成,无法有效地指导非机动车交通设施的规划设计与电动自行车的交通管理。

本书重点论述了混合自行车交通流的数据获取方法、基本特性、安全风险评估以及建模方法,并在此基础上提出了混合自行车交通流的管理思路与策略,为面向慢行交通的城市交通治理提供了基础理论与技术支撑。全书内容共分为 9 章。第 1 章主要阐述了研究背景、意义、现状与思路等内容。第 2 章主要阐述了混合自行车交通流的数据采集方法与基本数据统计结果。第 3 章主要介绍了混合自行车交通流的速度基本特性、速度分布、临界状态识别以及交通流基本图等内容。第 4 章主要介绍了非机动车道通行能力估计方法和电动自行车换算系数计算方法。第 5 章主要介绍了混合自行车交通流的自由流速度估计与风险预测。第 6 章主要介绍了混合自行车交通流安全风险指标及其影响因素。第 7 章主要介绍了路段混合运行条件下非机动车限速阈值的确定方法。第 8 章主要介绍了混合自行车交通流的安全评估方法。第 9 章主要介绍了混合自行车交通流的建模方法。

在书稿的形成和文字整理过程中，浙江大学王殿海教授和金盛教授、吉林大学曲昭伟教授、桂林电子科技大学周旦副教授、北京航空航天大学杭州创新研究院徐亮博士，以及浙江警察学院管满泉教授、李强伟副教授、丁靖艳副教授、毛永波讲师等给予了大力的支持和细心的指导，在此表示衷心的感谢。此外，浙江警察学院韩江科、平可怡、夏思博等同学做了大量的图表整理、文献整理和文字校对工作，在此表示衷心的感谢。

本书的出版得到了教育部人文社会科学研究青年基金项目"基于多源异构大数据融合的非机动车交通事故风险评估与管理对策研究"（19YJCZH200）、浙江省基础公益研究计划项目"融合时空多视图大数据的城市路网交通安全态势预测技术"（LGF21E080002）等项目的资助，在此表示衷心的感谢。

由于时间仓促且作者水平有限，书中难免存在疏漏和不足之处，恳请读者批评指正。

徐　程

2023 年 3 月

目　录

第1章 绪 论

在"碳达峰碳中和"的目标背景下,自行车出行作为一种重要的城市绿色出行方式,近年来受到广泛的关注。我国大部分城市出台了相应的慢行交通道路网及设施的规划、设计、建设与运营管理措施,以提升慢行交通品质,倡导居民从机动车出行转向慢行交通出行。然而,现有涉及慢行交通特别是自行车交通流的运行特性与安全风险的理论与实践研究都较为缺乏,无法为非机动车交通规划设计方案与管理政策的制定提供基础依据。此外,随着近年来电动自行车的快速发展,混合自行车交通流已经成为城市交通流的重要组成部分。因此,深入分析混合自行车交通流的运行特性与安全风险机理,进而构建其微观模型,就成为交通工程领域亟待推进的重要工作,也将为我国混合自行车环境下的非机动车交通管控提供重要依据。

1.1 研究背景

1.1.1 自行车的发展

近年来我国出台了一系列政策措施鼓励自行车等慢行交通的快速发展,以期这种绿色出行工具能取代机动车,缓解城市交通拥堵。随着相关信息技术的发展,出现了两种特殊类型的自行车:①电动自行车,是指以蓄电池为辅助能源,在普通自行车的基础上安装了电机、控制器、转把等操纵部件和显示仪表系统的机电一体化的个人交通工具;②公共自行车,是指可通过公共自行车系统的服务站点进行管理与租赁的自行车,每辆公共自行车单独配置锁车器和读卡器,市民可通过办理借车卡来租借公共自行车,各个站点之间互通互联。

电动自行车是一种便捷、价廉、灵活、环保的绿色出行工具,近年来其在我国许多城市(特别是南方城市)呈现出迅猛发展态势。据统计,全国电动自行车保有量 2004 年底约为 1000 万辆,而到 2022 年底已经突破 3 亿辆。以杭州城区为例,"十一五"期间电动自行车保有总量增长 210.3%,而普通自行车保有量仅增长 3.6%。在 2010 年杭州城市常住人口出行方式调查中,非机动车出行占比高达 34.3%(其中电动自行车出行占比超过 2/3),电动自行车已成为非机动车交通出行工具的绝对主力。

电动自行车由于运行速度快、能耗低、出行距离较长等特点,受到城市中低收入人群的青睐。同时,由于我国公共交通发展还不够完善,在未来相当长的一段时期内,电动自行车仍将是城市中主要的出行工具之一。但电动自行车的快速发展也带来了交通效率、交通管理及交通安全等方面的问题。我国道路交通安全法规定,电动自行车属于非机动车,与一般的非机动车共用非机动车道。由于电动自行车与普通自行车在物理尺寸、运行速度等方面存在较大的差异,两者混合运行的交通流变得异常复杂。因此,探究混合自行车交通流的运行特性,提出混合自行车交通管控与交通风险评估的理论方法,将为自行车交通设施的规划、设计与管理提供理论与实践基础。

1.1.2　自行车交通安全

交通安全一直是非机动车相关研究关注的重点问题,也是重要的社会民生问题。近年来,随着电动自行车的大量使用,涉及电动自行车的交通事故呈现快速增长态势,电动自行车已然成为人们心目中的"马路杀手"。从图 1.1 和图 1.2 中可以看出,近年来自行车交通事故受伤人数和死亡人数的变化情况。随着近年来自行车(主要是电动自行车)数量的快速增加,自行车交通事故受伤和死亡人数占所有交通事故受伤和死亡人数的比例逐年增加,普通自行车交通事故的受伤人数和死亡人数逐年下降,而电动自行车交通事故的受伤人数和死亡人数却逐年上升。电动自行车交通事故死亡人数近十年来快速增长。从 2009 年、2010 年开始,电动自行车交通事故的受伤人数、死亡人数超过了普通自行车,这表明电动自行车交通安全态势比普通自行车交通安全态势更加严峻。因此,深入分析电动自行车的运行特性、评估其安全风险就显得尤为迫切,这也是进行自行车交通设施规划设计、全面提升慢行交通品质的基础。

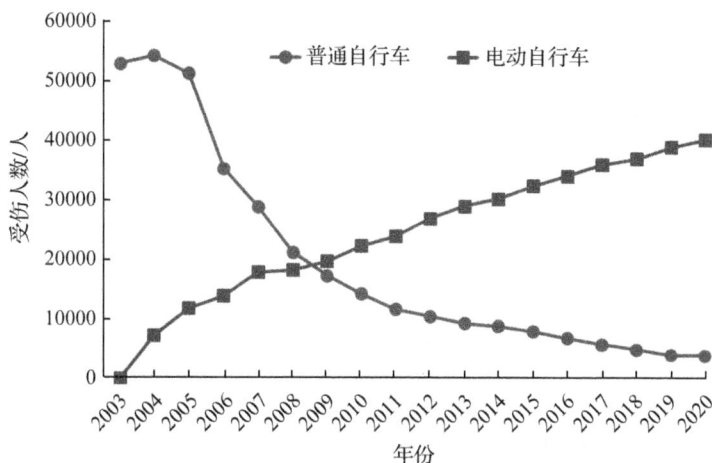

图 1.1　不同类型自行车交通事故受伤人数

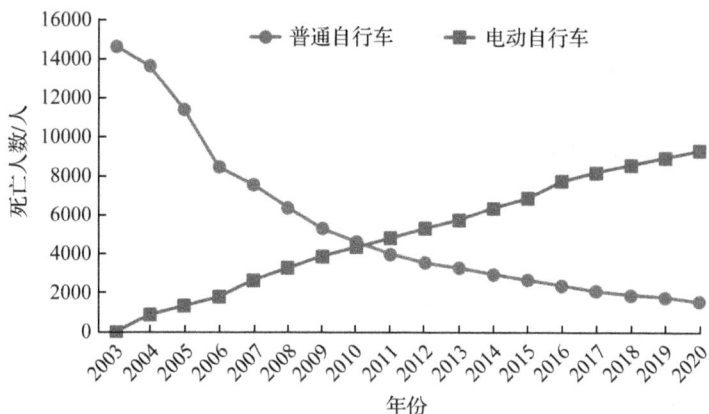

图 1.2　不同类型自行车交通事故死亡人数

速度是交通流的核心参数,影响交通流的运行效率与安全性。超速是引发电动自行车交通事故的主要原因之一。从交通管理者的角度而言,必须严格限制电动自行车的运行速度,减少涉及电动自行车的交通事故,提升道路交通运行的安全性;从出行者的角度,则希望提高电动自行车的运行速度,提升出行便捷性,减少出行成本。因此,电动自行车运行速度的规定是一个非常复杂且备受争议的话题,也是非机动车管理的重点。

2019 年实施的《电动自行车安全技术规范》(GB 17761—2018)规定了电动自行车的最高设计车速为 25 km·h^{-1},整车最大质量为 55 kg,电动机最大功率为 400 W，且必须具有脚踏骑行能力。从国外相关规定来看，《美国法典》15 卷（《15 U.S.C § 2085》）规定低速电动自行车的最高限速为 32 km·h^{-1}，日本、欧盟将电动自行车最高限速规定为 25 km·h^{-1}，都大大高于我国道路交通安全法规定的最高行驶速度 15 km·h^{-1}。

1.2　研究意义

混合自行车交通流是当前我国城市交通发展阶段中特有的一种交通运行方式，也是当前城市交通管理的重点和难点问题。针对混合自行车交通管理相关理论的缺失，本书通过分析我国道路混合自行车运行条件下的交通运行机理，确定了混合自行车交通流特性参数，构建了参数获取方法，并在此基础上分析了混合自行车交通安全风险评估方法，构建了混合自行车交通流的模型，具有重要的理论意义与现实价值。在交通流理论方面，本书将丰富和拓展交通流理论的研究体系，为构建自行车交通流理论研究的方法体系奠定基础；在交通安全方面，本书将为建立适用于我国混合自行车交通流风险分析与安全评估的方法提供借鉴意义，可有效降低非机动车交通事故的伤亡率；在应用实践方面，本书将为混合自行车交通设施的规划设计与智能化管理提供科学依据。

1.3　研究现状

电动自行车出行作为一种便捷、绿色、价廉的出行方式，近年来在许多发展中国家成为主要的出行方式之一。Zhang H 等（2014）将中国自行车发展历程划分为四个阶段，分别为初始缓慢发展阶段（1900—1978 年）、快速增长阶段（1978—1995年）、使用减少阶段（1995—2002 年）及政策多样化阶段（2002 年至今）。其中，电动自行车与公共自行车是我国自行车的两种创新形式。Weinert 等（2007）从关键技术、经济与政策等方面分析了电动自行车在中国的发展状况。下面将从自行车交通流运行特性、交通安全以及微观行为建模三个方面综述现有的研究成果。

1.3.1　自行车交通运行特性研究现状

1.3.1.1　交通流特性方面

在自行车交通流特性方面，早期研究主要从纯自行车交通流的平均速度、换算系数以及集群出行特征等方面开展(Allen et al.,1998)。随着电动自行车的发展,近年来的研究逐渐开始关注混合自行车交通流的速度特性(董斌杰,2008;贾海亮,2014;Wang et al.,2015)。国内外对机动车交通流速度的研究取得了重要的研究成果,然而涉及电动自行车交通流运行速度及电动自行车与普通自行车混合交通流运行速度的研究仍然较为缺乏。Liu 等(1993)通过观测发现,自行车的自由流速度约为14 km·h^{-1}。Wei 等(1997)发现物理隔离和无物理隔离下高峰小时的自行车自由流速度分别为 18.2 km·h^{-1} 和 13.9 km·h^{-1}。Allen 等(1998)发现,自行车的自由流速度一般在 10~28 km·h^{-1},大部分的数据集中在 12~20 km·h^{-1}。Dey 等(2006)提出了一种速度分布曲线模型,用以拟合快速车辆与慢速车辆混合运行情况下的速度数据,其中快速车辆包括小汽车、卡车/公交车、二轮摩托车、三轮摩托车,慢速车辆包括自行车和拖拉机。Cherry 等(2007)于 2006 年在上海和昆明的抽样调查表明,上海电动自行车与普通自行车自由流速度约为 18.2 km·h^{-1} 和 13.0 km·h^{-1},昆明约为 17.9 km·h^{-1} 和 12.8 km·h^{-1}。Lin 等(2008)调查了昆明自行车专用车道的速度特性,统计结果表明电动自行车的自由流速度为 21.86 km·h^{-1},比普通自行车的自由流快 47.6%。

1.3.1.2 通行能力方面

对非机动车道通行能力方面的研究重点关注非机动车道的通行能力以及非机动车对机动车通行能力的影响(Wang et al.,2011;Zhou et al.,2015)。相关研究表明,随着电动自行车比例的增加,非机动车道通行能力也将随之增加(Jin et al.,2015;Lin et al.,2018)。美国《道路通行能力手册》规定:一条标准的非机动车道宽度为 1.2m,通行能力为每车道 1600 辆/h,折合单位宽度通行能力为 1333 辆/h。而我国住房和城乡建设部颁布的《城市道路工程设计规范(2016 年版)》(CJJ 37—2012)规定:有物理隔离的非机动车道单位宽度通行能力为 1600~1800 辆/h;无物理隔离的非机动车道单位宽度通行能力为 1400~1600 辆/h。此外,Homburger(1976)在美国加州戴维斯实测得到非机动车道单位宽度通行能力约为 2600 辆/h;Botma(1995)在荷兰实测得到非机动车道单位宽度通行能力约为 3200 辆/h。魏恒等(1993)通过实测数据确定有物理隔离的非机动车道单位宽度通行能力为 2549 辆/h,无物理隔离的非机动车道单位宽度通行能力为 2227 辆/h;Liu 等(1993)在北京实测得到非机动车道单位宽度通行能力为 1800~2100 辆/h。非机动车道通行能力相关研究汇总如表 1.1 所示。

表 1.1　非机动车道通行能力相关研究汇总

作者	国家	通行能力/(辆·h^{-1}·m^{-1})
Homburger(1976)	美国	2600[a]
Liu 等(1993)	中国	1800~2100[a]
魏恒等(1993)	中国	2549[a] 物理隔离 2227[a] 无物理隔离
Navin(1994)	加拿大	4000[a]
Botma(1995)	荷兰	3200[a]
李峰(1995)	中国	2000[a]
Wei 等(1997)	中国	2344[a] 物理隔离
TRB(2000)	美国	1333[a]
白铬韬等(2010)	中国	2000~2700[b]
中华人民共和国住房和 城乡建设部(2012)	中国	1600~1800[a] 物理隔离 1400~1600[a] 无物理隔离

注：TRB，即美国交通运输研究委员会（Transportation Research Board）；"a"为纯普通自行车；"b"为纯电动自行车。

1.3.1.3　换算系数方面

中国《交通工程手册》规定，自行车对标准小汽车的换算系数统一为 0.2。Wang 等(2008)系统地建立了交叉口及路段自行车换算系数确定方法，得出交叉口直行和左转自行车的换算系数分别为 0.28 和 0.33；有无"机非"物理隔离路段的自行车换算系数分别为 0.22 和 0.24。Cao 等(2012)建立了不同类型车辆混合运行下的换算系数模型，得出无物理隔离路段自行车和摩托车的换算系数分别为 0.41 和 0.29。Chen 等(2012)建立了不同交通状态下电动自行车换算系数，在不同的交通状态下电动自行车换算系数为 0.64~1.0。叶晓飞等(2012)利用冲突事件数的概念建立了电动自行车换算系数模型，他们认为物理隔离路段电动自行车换算系数为 1.23。Jin 等(2015)分析了 11 个路段电动自行车的运行特性，按照通行能力计算，电动自行车相对于普通自行车的换算系数为 0.66。自行车或电动自行车换算系数研究结果汇总如表 1.2 所示。

表 1.2 自行车或电动自行车换算系数研究结果汇总

	作者	地点	换算系数	运行情况
自行车相对于小汽车的换算系数	中华人民共和国建设部(1991)	中国	0.20	所有情况
	Wang 等(2008)	中国天津、沈阳	0.28	交叉口直行
			0.33	交叉口左转
			0.24	路段无物理隔离情况
			0.22	路段有物理隔离情况
	Cao 等(2012)	越南河内	0.41	路段无物理隔离情况
			0.29	路段有物理隔离情况
电动自行车相对于普通自行车的换算系数	Cao 等(2012)	越南河内	0.71	路段无物理隔离情况
	Chen 等(2012)	中国上海	0.64	自由流状态下电动车比例 0.25~0.5
			0.69	自由流状态下电动车比例 0.5~0.75
			0.78	稳定流状态下电动车比例 0.25~0.5
			0.88	稳定流状态下电动车比例 0.5~0.75
			0.88	稳定流状态下电动车比例 0.75~1.0
			0.74	强制流状态下电动车比例 0.25~0.5
			0.96	强制流状态下电动车比例 0.5~0.75
			1.00	强制流状态下电动车比例 0.75~1.0
	叶晓飞等(2012)	中国南京	1.23	路段有物理隔离情况

1.3.1.4 服务水平方面

美国《道路通行能力手册》一般采用超车率作为评价自行车道服务水平的核心指标。Botma(1995)提出了确定非机动车道服务水平的方法,并采用实测数据对模型进行了验证。Dixon(1996)分析了自行车与行人共用道路情况下的服务水平性能指标,并比较了不同性能指标之间的差异。Li 等(2010)分析了车辆穿越行为对自行车道服务水平的影响。周旦等(2015)分析了混合自行车运行下的超车率特性,并构建了超车率的影响因素模型。

1.3.2 自行车交通安全研究现状

由于自行车骑行人自我保护能力弱,在交通碰撞及冲突中易受到伤害。因此,交通安全特性一直是自行车交通流研究的重要问题之一(程波,2014;王曼丽,2010;王小凤,2013)。

1.3.2.1 事故伤害方面

在自行车交通事故伤害方面，研究人员着重研究了自行车与机动车交通事故伤害的严重程度。Hu 等(2014)通过合肥的电动自行车交通事故数据分析了事故严重程度及影响因素。Kim 等(2007)分析了自行车与机动车碰撞事故及其严重程度。Weter 等(2014)通过实际案例分析评估了瑞士电动自行车交通事故的严重程度及影响因素。Bambach 等(2013)分析了骑行人佩戴安全头盔对自行车交通安全性的影响。马景峰等(2022)基于电动自行车与机动车事故数据，分析了该类事故的严重程度分布情况和时间与空间分布特性。李英帅等(2021)对电动自行车交通事故数据进行描述性统计分析，利用随机森林模型对电动自行车骑行人受伤严重程度进行预测，并对相关因素的重要程度进行了排序。Panwinkler 等(2021)以电动自行车为研究对象，分析了 1738 份现场事故记录数据，评估了电动自行车事故中是否存在官方事故统计中尚未记录的具体原因，并使用有序的 Probit 模型分析了电动自行车交通伤害的严重程度。Paudel 等(2022)详细调查了自行车骑行人与行人的碰撞行为以及可能的伤害结果。Huang 等(2020)研究了电动自行车骑行人在电动自行车和汽车碰撞中的运动学以及头部伤害的风险因素，并比较了电动自行车-汽车和自行车-汽车碰撞的严重程度。

1.3.2.2 交通冲突方面

由于非机动车事故数据获取的难度大，采用交通冲突分析技术是实现自行车交通安全评价的重要手段。Schepers 等(2014a)比较了电动自行车与普通自行车安全性方面的差异，从多个方面分析了电动自行车的安全风险。Bai 等(2013)通过视频录像获取了大量电动自行车与机动车在信号控制交叉口的冲突数据，对运行行为进行分析，划分了多种不同严重程度的冲突类型，并通过实测数据分析确定了不同冲突类型对交通安全的影响。Liang 等(2021)利用视频数据调查共享空间中行人、普通自行车和电动自行车之间的冲突行为和特征，使用 DOCTOR (Dutch objective conflict technique for operation and research)方法识别交通冲突，并采用弗里德曼检验(Friedman test)比较不同群体之间的冲突行为和特征。Vlakveld 等(2021)以提供踏板支持的电动自行车为研究对象进行自然驾驶实验，并收集与其他车辆的冲突数据，对主动识别获得的碰撞车辆、碰撞模式和碰撞风险影响因素等进行了研究。

1.3.2.3 交通违法方面

由于自行车违法行为只能通过现场执法的手段处罚，在处罚方式、处罚频率、处罚力度等方面无法与机动车违法处罚相比。因此，目前我国存在大量的自行车违法行为，主要有自行车在交叉口闯红灯、不戴头盔、超速等。Wu 等(2012)通过实测数据调查了电动自行车和普通自行车在交叉口的闯红灯行为。Tang 等 (2012)分析了电动自行车在交叉口绿灯倒计时及黄灯期间的行为,为分析电动自行车闯红灯行为奠定了基础。Zhang Y 等(2013)分析了遮阳棚对电动自行车及普通自行车闯红灯行为的影响,结果表明遮阳棚能够有效减少自行车的闯红灯行为。Shackel 等(2014)分析了多种因素对机动车超越自行车时速度的影响,并建立了定量关系模型。边扬等(2021)基于长沙市芙蓉区共享电动自行车的 GPS 轨迹数据,实现逆行行为的精准识别,采用类别型特征梯度提升(categorical boosting)模型与可解释机器学习框架(shapley additive explanations),从道路条件、交通状态、土地利用性质等方面开展逆行行为影响要素挖掘及作用解析。董春娇等 (2021)通过问卷调查分析电动自行车不安全骑行决策行为特征和致因,引入同质性输入变量和异质性模型变量,针对电动自行车占用机动车道骑行、在机动车之间穿插骑行和逆向骑行决策行为,建立了基于 Logistic 回归的电动自行车不安全骑行决策行为模型。Twisk 等(2021)比较了传统自行车、智能电动自行车和高速智能电动自行车在荷兰农村和城市地区的平均速度、速度变化、紧急制动事件和超速行为,发现智能电动自行车和普通自行车的速度模式相似,而高速智能电动自行车的速度模式与前两者有很大不同。

1.3.2.4 风险评价方面

Schepers 等(2014)提出了道路交通安全评估的概念框架(该框架包含了诸多安全风险影响因素),并采用该框架分析了土地利用与交通基础设施对自行车交通安全的影响。Leden 等(2000)、Robinson(2005)及 Schepers 等(2011)学者提出了自行车流量与交通安全风险之间的关系模型,发现随着自行车流量的增加,自行车交通安全风险增加。Jacobsen(2015)研究了自行车冲突事故特性,发现随着自行车出行方式比例的增加,单位自行车冲突事故率显著降低。Nordback 等 (2014)首先提出了自行车安全性能函数(bicycle safety performance function, BSPF)并将其应用于美国科罗拉多州博尔德市的自行车交通安全评价,该函数能够为未来交叉口安全性预测、自行车交通安全风险改善奠定基础。Carter 等 (2007)提出了一种宏观水平的交叉口安全性指标(bicycle intersection safety index, bike ISI)。运用该指标体系,交通工程师、规划师或其他人员能够掌握交叉口特性,优化交叉口进口道交通状况以提高自行车的安全水平。Lawson 等 (2013)采用了许多宏观指标(包括自行车的安全行为、其他出行工具使用者对自行车的态度、能够提供给自行车的交通设施与道路网络等)来确定都柏林市自行车交通的安全性。Richard 等(2014)提出了一种空间贝叶斯方法来预测自行车的事故风险并识别道路设施对自行车交通安全的影响。Chai 等(2022)针对无信号交叉口下普通自行车和电动自行车的安全问题，基于调查问卷数据对普通自行车和电动自行车之间的差异进行了比较，采用个人特征、决策能力、基础设施感受、感知服务水平和感知风险水平作为绩效指标，使用统计方法和结构方程模型(structural equation modeling，SEM)来描述不同研究区域的差异。

1.3.3 自行车交通流微观行为建模研究现状

由于自行车运行特性非常复杂，传统的机动车车辆跟驰与换道模型难以适用于自行车交通流的建模，因而一般采用元胞自动机模型来为自行车交通流建模。在传统元胞自动机模型应用方面：Lan 等(2005)采用元胞自动机模型模拟混合交通流下的机动车和摩托车运行情况；Gould 等(2009)采用 NS(Nagel-Schreckenberg，纳格尔-施雷肯贝格尔)元胞自动机模型建立了自行车交通流模型。Zhang S 等(2013)使用改进的 NS 元胞自动机模型和格子气模型对混合自行车交通流的速度-密度关系进行建模。在多值元胞自动机模型应用方面：Jiang 等(2004)首先将多值元胞自动机模型引入自行车交通流的建模；Jia 等(2007)改进了多值元胞自动机模型以适应普通自行车和电动自行车的不同运行速度；李新刚等(2008)利用多值元胞自动机进行混合自行车交通流特性及通行能力的研究；杨晓芳等(2012)针对混合非机动车流建立了一种考虑系统内存在更高速度车辆的多值元胞自动机模型来模拟其运行状况，从而得到了混合非机动车流在不同参数下交通流模型的流密度；Zhou 等(2015)对比分析了 NS 模型和多值元胞自动机模型在混合交通流微观行为模拟中的性能；Jin 等(2015)改进了混合自行车交通流的多值元胞自动机模型，使其能够更好地符合混合自行车交通流的运行特性。基于元胞自动机模型的自行车交通流微观行为建模研究总结如表 1.3 所示。

表 1.3　基于元胞自动机模型的自行车交通流微观行为建模研究总结

文献	仿真场景	车辆类型	模型类型	元胞长度	最大速度/(元胞·s^{-1})
Jiang 等(2004)	独立非机动车道	普通自行车 EB	EBCA	1元胞	1 2
Jia 等(2007)	独立非机动车道	RB EB	EBCA	1元胞	1 2
李新刚等(2008)	独立非机动车道	RB EB	EBCA	1元胞	1 2
Gould 等(2009)	独立非机动车道	RB EB	NS	2.1 m	2 3
Vasic 等(2012)	无物理隔离路段及交叉口	小型汽车 RB	NS	3.75 m	6 2

续表

文献	仿真场景	车辆类型	模型类型	元胞长度	最大速度/(元胞·s^{-1})
Zhang 等(2013)	独立非机动车道	RB EB	NS	2.0 m	2 3
Zhao 等(2013)	独立非机动车道	RB EB	改进 NS	2.0 m	2 3
Yang 等(2013)	独立非机动车道	RB	NS	2.0 m	4
Jiang 等(2014)	独立非机动车道	RB EB	改进 NS	1.0 m	4 6
Zhang X Q 等(2014)	交叉口	小型汽车 RB	NS EBCA	3.5 m	5 1
Luo 等(2015)	非隔离非机动车道	小型汽车 RB	NS 改进 NS	1.0 m	20 6
Ding 等(2015)	非隔离非机动车道	公交车 小型汽车 RB	NS EBCA	元胞 2 元胞 1 元胞	3 4 2
Jin 等(2015)	独立非机动车道	RB EB	EBCA	2.0 m	2 3
Ren 等(2016)	交叉口	RB EB	NS	1.0 m	4 6
Xue 等(2017)	独立非机动车道	RB EB	NS	1.0 m	4 6

注：EB 为电动自行车(electric bicycle)，RB 为普通自行车(regular bicycle)，EBCA 为扩展伯格斯元胞自动机(the extended Burgers celluar automaton)。

　　除了应用元胞自动机模型外，近年来也有学者采用其他建模方法。董春娇等(2022)通过开展问卷调查和断面交通流参数调查，分析了电动自行车的出行特性和交通流量、速度特征。针对电动自行车正常骑行、占用机动车道骑行、在机动车之间穿插骑行和逆向骑行 4 种电动自行车骑行决策行为，建立了基于 Elman(埃尔曼)神经网络和多元 Logistic 回归的电动自行车骑行决策行为模型。王维莉等(2022)对电动自行车驾驶行为进行观测实验，提取电动自行车轨迹数据，以纵向间距、速度差、侧向净距、水平间距为特征变量，利用 CART(classification and regression tree，分类与回归树)决策树分类结果建立电动自行车骑行决策行为规则，在此基础上，基于社会力模型，分别引入超越力、跟随力等改进行为力模拟电动自行车的超越、跟随等骑行决策行为。Li 等(2021)提出了一个修正的社会力模型来模拟混合交通路口的直行自行车流。Guo 等(2021)在两种 3m 宽的道路上进行实验,研究了宽阔道路上的自行车流动力学并分析了不同的骑行行为,提出了一个改进的启发式模型来模拟不同半径道路上的自行车流,并明确考虑了自行车的离心效应。刘贺子等(2021)利用深度神经网络进行多目标跟踪的数据采集,通过信息准则确定高斯混合模型(Gaussian mixture model,GMM)的最优组分,采用期望最大化算法求解模型参数的极大似然估计,并建立了模型参数与道路运行状况及统计特征之间的联系。

1.3.4　研究现状总结

近年来随着电动自行车使用量的快速增长,关于混合自行车交通流运行特性、交通安全风险评价以及交通流微观行为建模等方面的研究也取得了重要的进展,但仍然有一些不足之处,主要如下。

(1)缺乏对混合自行车交通流运行机理的解析与对交通特征参数的获取。电动自行车和普通自行车两种不同速度交通流的混合运行导致了异常复杂的交通特性。因此,混合自行车交通流运行效率的特征参数的获取就成为混合自行车交通流分析与建模的基础。

(2)缺乏从微观层面评价混合自行车交通流安全风险的指标。以往的研究都是侧重从宏观角度分析自行车交通流的安全风险,目前仍缺乏定量刻画混合自行车交通流风险的微观指标体系。因此,合理选择混合自行车交通流安全风险评价指标,确定风险指标的影响因素,构建其预测模型就成为重要的研究方向。

(3)缺乏对自行车交通流限速机理的研究。速度管理是交通流管理的重要手段之一,而目前的研究仅针对机动车限速机理进行分析,缺乏对非机动车特别是混合自行车限速机理的研究。而在实际中存在大量电动自行车超速行为,需要对超速行为进行深入分析,构建超速行为的影响因素模型,为限速阈值的确定提供理论依据。

(4)缺乏对混合自行车交通流的建模研究。由于在实际运行环境中电动自行车和普通自行车的速度差异很大,交通流呈现出明显的异质性。同时,由于非机动车运行的复杂性,传统的模型难以精准刻画这种异质交通流交互运行时所呈现出来的复杂特性。因此,目前相关的连续或离散建模方法都较难实现对混合自行车交通流运行的精准建模。

综上所述,为了进一步深刻理解混合自行车交通流的运行机理,需从混合自行车的运行效率、交通安全风险和微观行为三方面分别对混合自行车交通流进行分析与建模,为混合自行车交通设施的规划设计与管理提供理论基础。

1.4　研究思路与内容

1.4.1　研究思路

效率与安全一直是交通领域的核心问题。本书以混合自行车交通流为研究对象,以大规模实测获得的自行车交通流数据为基础,从自行车交通运行效率与交通安全风险两个方面探究混合自行车交通流的运行机理,并在此基础上提出混合交通流的建模方法,为混合自行车交通设施的规划设计、交通管理政策的制定提供理论依据。

在交通流运行效率方面,本书从交通流特性、通行能力和换算系数三个角度分析混合自行车交通流的运行特性;在交通安全风险方面,从速度特性分析、安全风险指标确定、限速阈值确定以及安全风险评估四个方面分析混合自行车交通流的安全特性;在交通流微观行为建模方面,考虑到混合自行车交通流在不同车道宽度下的压缩性,提出了混合自行车交通流的改进多值元胞自动机模型。在此基础上,本书提出了我国混合自行车交通管理的相关对策与措施。

1.4.2　框架结构

本书主要围绕运行效率分析、安全风险评价、微观行为建模这三大块内容展开。首先从自行车交通流运行特性、交通安全特性和交通流微观行为建模方法三个方面综述了国内外现有研究成果,结合现有研究的缺陷提出了本书的研究思路与方向;并通过大量交通调查获取了 11 个路段混合自行车交通流的运行数据,为后续开展混合自行车交通流运行效率与安全特性分析提供了数据基础;此外,还分别构建了混合自行车交通流速度分布模型、交通流基本图模型、通行能力模型,以及换算系数模型,深入解析了混合自行车交通流的运行效率。然后,分别提出了混合自行车交通流的自由流速度估计模型、安全风险评估的两类指标(速度绝对指标与速度离散指标)及影响因素模型,以及交通流安全风险评估模型;以自行车超速行为分析为基础,构建了自行车限速阈值的优化模型。最后,结合混合自行车交通流运行的特性,构建了混合自行车交通流的微观建模方法。整体研究框架如图 1.3 所示。

国内外研究现状总结

交通流运行特性
- ·交通特性方面
- ·通行能力方面
- ·换算系数方面
- ·服务水平方面
- ·仿真建模方面

交通流安全特性
- ·事故伤害方面
- ·交通冲突方面
- ·交通违法方面
- ·风险评价方面
- ·……

微观行为建模
- ·NS模型
- ·EBCA模型
- ·……

混合自行车交通流数据获取

- ·调查方法
- ·调查地点
- ·数据类型
- ·……

- ·自行车类型
- ·道路特性
- ·骑行人特性
- ·……

交通流特性分析
- ·基本特性
- ·单一模型
- ·混合模型

通行能力特性
- ·估计方法
- ·模型构建
- ·因素分析

自由流速度
- ·自由流速度
- ·BP人工神经网络模型
- ·冲突风险预测

安全风险指标
- ·风险评估指标
- ·风险因素分析
- ·风险因素建模

限速阈值优化
- ·超速行为特性分析
- ·超速行为影响因素分析
- ·限速临界值模型构建
- ·限速阈值确定

安全风险评估
- ·事故特性时空分析
- ·事故严重程度影响因素分析
- ·事故严重程度建模
- ·……

微观行为建模
- ·交通流压缩性
- ·元胞尺寸定义
- ·基于车道宽度的压缩率
- ·模型演化规则

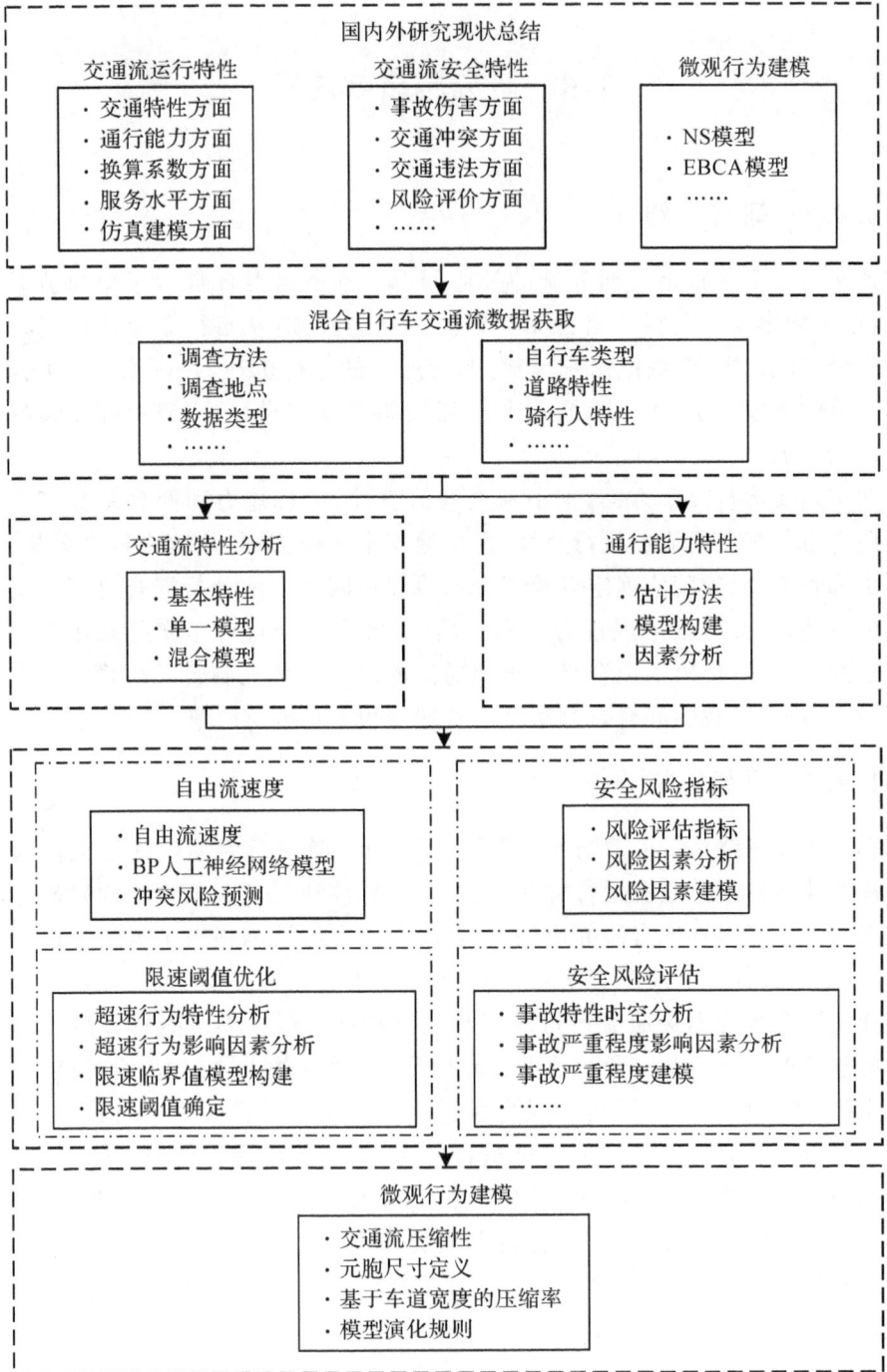

图 1.3　整体研究框架

第 2 章　交通调查与数据获取

　　精确的数据获取是进行混合自行车交通流运行特性分析与风险评估的前提与基础。由于混合自行车交通流的运行特性复杂、数据获取困难，一般机动车交通流的数据自动采集方法很难直接应用于混合自行车交通流。因此，需要针对混合自行车交通流的特性及研究目的，设计相应的调查方法，选择合理的调查地点，确定所需调查的数据类型，并选用合适的数据处理方法。

2.1　混合自行车交通流数据获取

2.1.1　调查方法

　　交通调查是指为了科学研究和道路规划建设管理的需要，用客观的手段，测定道路交通流以及与其有关现象的数据并进行分析，从而掌握交通流的规律，以便向交通运输、公安交管、城市规划、城市建设与管理等部门提供优化道路交通的实际参考资料和数据。典型的交通调查方法包括人工观测法、仪器自动计测法、流动车观测法及录像观测法。

　　人工观测法是指安排人员在指定地点按调查工作计划进行交通量调查，调查人员用原始记录表格配合计时器以画"正"字等方式记录来往车辆，也可采用机械或电子式的简单计数器进行。其优点是方便灵活，易于掌握，调查资料整理方便，调查地点、环境不受限制，适合短期临时的交通调查。仪器自动计测法是指通过感应线圈、超声波检测器、微波检测器等自动采集设备获取交通流数据的方法，适合长时间的数据调查与观测。流动车观测法，又称浮动车观测法，其特点是同时获得某一路段的交通量、行驶时间和行驶速度，适合交通流稳定状态下的调查。录像观测法是指利用录像机作为便携式记录设备，通过一定时间的连续录像给出固定时间间隔的交通流详细资料。其优点是现场人员少,资料可长期反复利用。

由于混合自行车交通流运行特性较为复杂,且研究所需的参数包括驾驶员的年龄、性别,车辆类型等多种参数,因此本书采用录像观测法进行混合自行车交通流数据的获取。采用视频摄像调查的方法自动记录自行车通过两个断面的时刻,就可以简单计算得到车辆的流量、速度等信息;通过后期人工视频调查方法可获取车辆类型,驾驶员年龄、性别等特性参数。

2.1.2 调查地点

为了分析混合自行车运行环境下的交通流特性,我们对杭州市部分路段非机动车专用道进行了交通调查。由于杭州市具有较高的电动自行车出行比例以及相对完善的非机动车道路系统,非常适合作为混合自行车相关数据的收集地点。

本次调查选取杭州市区主干道 11 条非机动车道进行数据采集。选择调查的地点距离交叉口 100 米以上,远离公交车站、斑马线、出入口等干扰因素。道路线形良好,不存在坡道、弯道等特殊道路形式。同时,非机动车道与机动车道之间有护栏隔离,与人行道之间有植被隔离,确保自行车运行不受侧向其他因素的干扰。调查地点自行车交通流量较大,会出现交通拥堵的状况。调查期间天气状况良好,未发生交通事故、行人穿越干扰等特殊事件。调查地点的实际情况如图 2.1 所示。

2.1.3 数据类型

通过记录每一辆自行车通过两条调查白线的时刻,就可以计算得到每一辆自行车的速度。因此,可以通过统计得到任意采样间隔下的混合自行车流量(q)、速度(v),并通过公式 $q=kv$(k 为混合自行车密度)计算得到密度。其他类型的交通参数可以通过人工识别录像中的自行车状态及骑行人特性估计得到。

混合自行车交通流主要由普通自行车(regular bicycle,RB)和电动自行车(electric bicycle,EB)构成。根据我国的实际情况,电动自行车也可以划分为两类,即轻型电动自行车(bicycle-style e-bike,BSEB)和摩托电动自行车(scooter-style e-bike,SSEB)。骑行人性别分为男性和女性两类。骑行人年龄根据实际情况大致判断,分为青年(小于 40 岁)、中年(40~60 岁)和老年(大于 60 岁)三类。另外,部分骑行人也存在骑车载人、载物等行为,故可按此将载物情况划分为无载、载人和载物三类。

(a) 教工路A　　　　(b) 教工路B　　　　(c) 河东路

(d) 湖墅路　　　　(e) 文三路　　　　(f) 学院路

(g) 文二路　　　　(h) 东新路　　　　(i) 天目山路A

(j) 天目山路B　　　　(k) 莫干山路

图 2.1　调查地点实际情况

2.2　基本统计特性参数

2.2.1　基本参数

表 2.1 给出了 11 条路段基本参数的统计结果。11 条路段总共获取了 39820 辆车的样本数据,其中两类电动自行车的比例为 70.1%。在所有样本数据中,男性骑行人的比例为 64.6%,青年骑行人的比例为 67.3%,骑行人载人载物的比例为 10.9%。从中可以看出,电动自行车已经成为自行车交通出行的绝对主力,且男性和青年骑行人比例较高。虽然骑车载人及载物行为属于违法行为,但是仍有骑行人有载人及承载超尺寸物体的行为。

表 2.1 调查路段基本参数的统计描述

地点	简称	车道宽/m	样本数	自行车类型[a]		性别[b]		年龄[c]		载人载物[d]	
教工路 A	JG-A	2.27	2943	RB	31.4%	M	63.8%	Y	80.3%	P	8.7%
				BSEB	18.3%	F	36.2%	M	15.4%	O	4.2%
				SSEB	50.3%			E	4.3%	N	87.1%
教工路 B	JG-B	2.43	2944	RB	32.5%	M	64.1%	Y	66.4%	P	8.5%
				BSEB	17.0%	F	35.9%	M	29.4%	O	4.9%
				SSEB	50.5%			E	4.2%	N	86.6%
河东路	HD	2.76	2176	RB	40.9%	M	58.3%	Y	52.9%	P	5.1%
				BSEB	13.8%	F	41.7%	M	28.5%	O	6.2%
				SSEB	45.3%			E	18.6%	N	88.7%
湖墅路	HS	2.93	3604	RB	29.7%	M	59.7%	Y	62.2%	P	3.5%
				BSEB	16.1%	F	40.3%	M	30.4%	O	2.3%
				SSEB	54.2%			E	7.4%	N	94.2%
文三路	WS	3.01	3252	RB	43.7%	M	66.3%	Y	75.6%	P	7.5%
				BSEB	18.8%	F	33.7%	M	18.5%	O	3.5%
				SSEB	37.5%			E	5.9%	N	89.0%
学院路	XY	3.45	2571	RB	33.7%	M	66.2%	Y	59.5%	P	8.9%
				BSEB	19.1%	F	33.8%	M	33.1%	O	2.7%
				SSEB	47.2%			E	7.4%	N	88.4%
文二路	WE	3.52	2885	RB	41.3%	M	66.1%	Y	71.3%	P	2.9%
				BSEB	12.8%	F	33.9%	M	25.1%	O	3.3%
				SSEB	45.9%			E	3.6%	N	93.9%

续表

地点	简称	车道宽/m	样本数	自行车类型ᵃ		性别ᵇ		年龄ᶜ		载人载物ᵈ	
东新路	DX	3.65	3364	RB	22.9%	M	58.8%	Y	67.2%	P	9.1%
				BSEB	18.2%	F	41.2%	M	28.2%	O	2.4%
				SSEB	58.9%			E	4.6%	N	88.5%
天目山路 A	TMS-A	3.97	2222	RB	26.1%	M	80.0%	Y	69.8%	P	2.2%
				BSEB	13.9%	F	20.0%	M	24.8%	O	8.9%
				SSEB	60.0%			E	5.4%	N	89.0%
天目山路 B	TMS-B	4.50	4704	RB	31.4%	M	68.2%	Y	71.8%	P	2.6%
				BSEB	16.2%	F	31.8%	M	20.0%	O	5.7%
				SSEB	52.4%			E	8.2%	N	91.8%
莫干山路	MGS	4.60	9155	RB	19.2%	M	63.4%	Y	63.6%	P	8.3%
				BSEB	15.9%	F	36.6%	M	31.8%	O	5.3%
				SSEB	64.9%			E	4.6%	N	86.4%
总计	—	—	39820	RB	29.9%	M	64.6%	Y	67.3%	P	6.4%
				BSEB	16.4%	F	35.4%	M	26.5%	O	4.5%
				SSEB	53.7%			E	6.2%	N	89.1%

注：a 自行车类型划分为三类：RB 表示普通自行车，BSEB 表示轻型电动自行车，SSEB 表示摩托电动自行车；
b M 表示男性，F 表示女性；
c 年龄组分为三类：Y 表示青年（<40 岁），M 表示中年（40~60 岁），E 表示老年（>60 岁）；
d 载人载物情况分为三类：P 表示载人，O 表示载物，N 表示无载。

2.2.2　尺寸特性

　　普通自行车和电动自行车在外形尺寸及动力性能上都存在很大的差异。对调查地点附近非机动车停车场的各类自行车进行调查，抽取三类自行车各 100 辆，分别测量其车身宽度和车身长度，结果如表 2.2 所示。

　　从表中可以看出，普通自行车、轻型电动自行车和摩托电动自行车的车身宽度依次增加，说明电动自行车所占用的侧向空间会比普通自行车大很多。从车身长度来看，普通自行车和轻型电动自行车车身长度差异不大，摩托电动自行车车身较长。另外，从数据的标准差来看，普通自行车车身宽度与长度的标准差较小，说明其型号尺寸较为固定。而电动自行车的尺寸标准差较大，这是由于各厂商的电动自行车产品众多，没有相应的规范标准，造成电动自行车的样式繁多，外形尺寸差异较大。

表 2.2　各类自行车的外形尺寸统计

自行车类型	车身宽度/cm		车身长度/m	
	均值	标准差	均值	标准差
普通自行车	57.2	2.3	1.71	0.06
轻型电动自行车	63.2	3.4	1.68	0.12
摩托电动自行车	68.5	3.6	1.82	0.15

2.2.3　流量特性

　　图 2.2 给出了 11 个调查路段的交通流量随时间变化的关系曲线，图中数据统计的采样间隔为 30s。从图中可以得出如下结论。第一，各路段流量最大值约 2000 辆·h^{-1}·m^{-1}，接近道路通行能力，说明调查的部分路段已经接近或达到饱和状态，这为后续通行能力估计奠定了基础。第二，车道宽度较窄的路段流量相对较大，这是因为流量是按照单位宽度进行统计的，宽车道路段混合自行车所受到的阻碍较少，因而运行状况更好，较难达到通行能力状态。第三，流量数据呈现较为明显的波动特性。造成这一现象的主要原因是调查路段位于上下游交叉口中间，虽然距离交叉口较远，但是自行车的到达与释放也会受到上下游交叉口信号周期的影响。同时，这种波动性也为收集各种不同交通状态下的混合自行车数据奠定了基础。

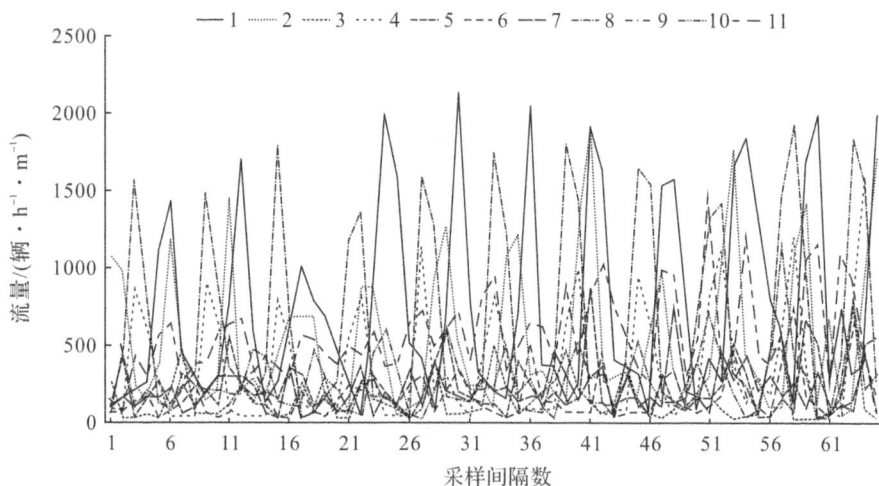

图 2.2　不同调查路段的流量变化曲线

2.2.4　速度特性

速度特性是自行车交通流运行特性的一个重要方面。不同的道路交通条件及骑行人特性都会对自行车的运行速度产生影响。图 2.3 给出了 11 个路段不同自行车类型,不同骑行人性别、年龄,以及是否载人载物四种因素影响下的自行车交通流平均速度对比。从中可以看出,不同类型的自行车平均速度存在较大差异,这主要是不同类型自行车的动力性能不同造成的。同时,所有路段的男性骑行人以及中青年骑行人都具有较高的平均速度,这也与其他研究结论一致。此外,从图中可以看出,骑行人是否载人载物并不会对平均速度产生较大的影响,这主要是因为载人载物骑行人比例较低,大部分都是在畅通状态下运行,且载人载物骑行人大多使用电动自行车,因而对其车辆运行的影响并不大。

为了进一步定量分析不同类型条件下自行车平均速度是否存在显著性差异,本章采用 t 检验方法进行自行车平均速度的差异性检验。表 2.3 给出了不同自行车类型、不同骑行人性别、不同骑行人年龄,以及骑行人是否载人载物四类条件下的平均速度 t 检验结果。从中可以得到如下结论。

(1)普通自行车、轻型电动自行车与摩托电动自行车的平均速度分别为13.48,16.48 及 17.22 km·h^{-1}。轻型电动自行车、摩托电动自行车与普通自行车的速度均值差异性的检验结果表明,电动自行车平均速度显著高于普通自行车。

(2)男性骑行人与女性骑行人的平均速度分别为 16.33 及 15.11 km·h^{-1}。男性骑行人由于具有一定的体力优势,其速度显著高于女性骑行人。

(3)青年、中年和老年骑行人的平均速度分别为 15.90，16.29 及 14.64 km·h^{-1}。是否载人载物的自行车平均速度分别为 15.96 及 15.91 km·h^{-1}。通过 t 检验结果也可以看出，不同路段年龄因素与载人载物因素对自行车平均速度的影响并不一致；这些因素对部分路段数据有显著影响，而对其他一些路段并没有显著影响。在后续研究中需要进一步深入分析这一现象。

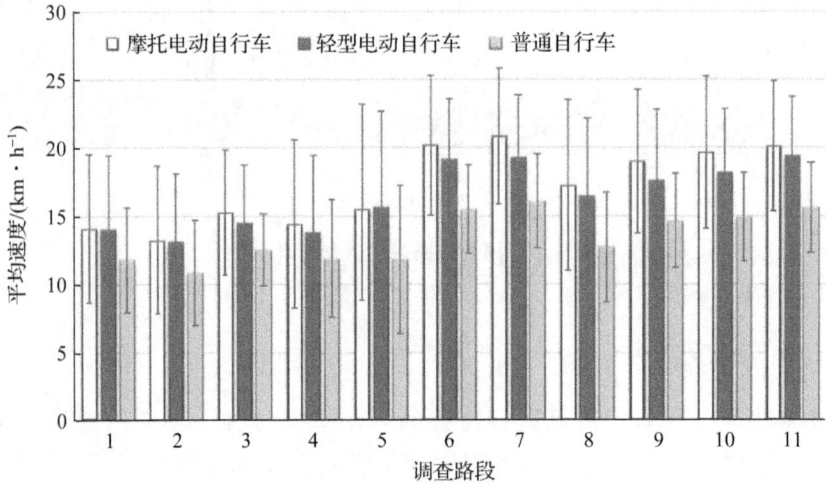

(a) 不同类型自行车平均速度

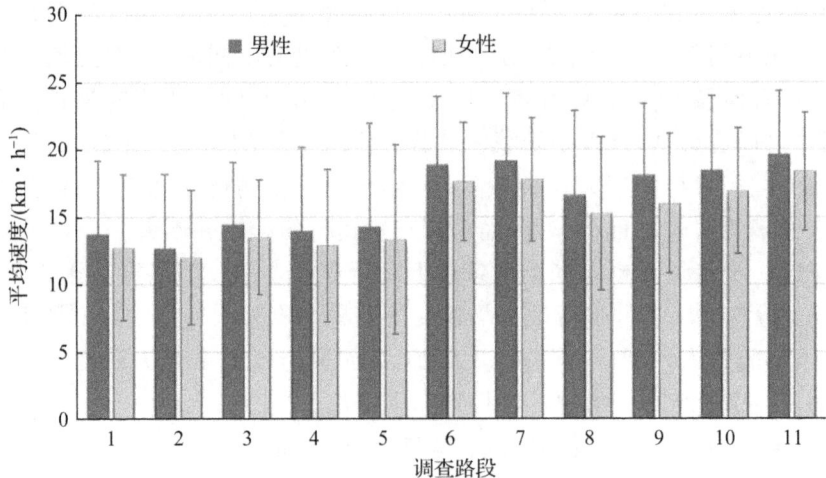

(b) 不同性别骑行人平均速度

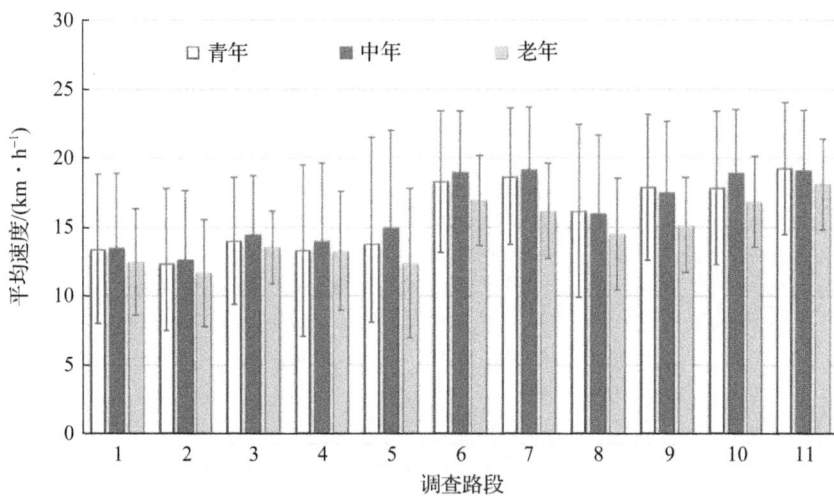

(c) 不同年龄骑行人平均速度

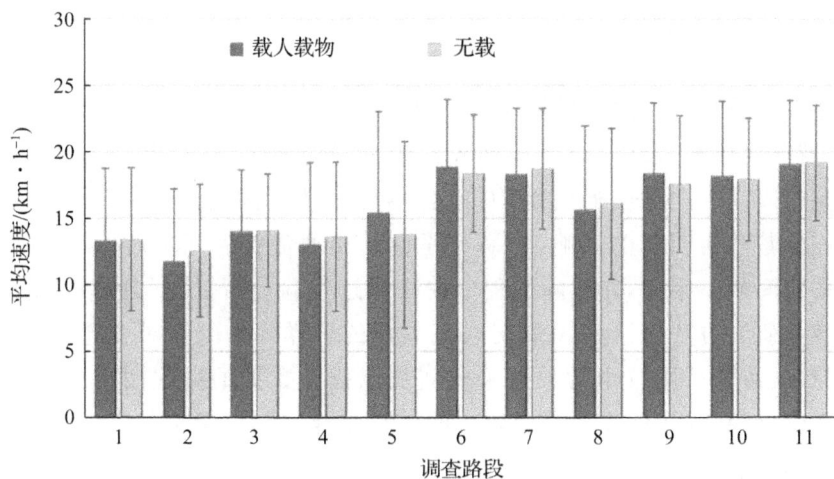

(d) 骑行人是否载人载物条件下自行车平均速度

图 2.3　不同影响因素下的自行车平均速度对比

表 2.3　不同类型条件下的平均速度 t 检验结果

| 路段 | 自行车类型 | | | | 性别 | | 年龄 | | | | 载物情况 | |
| | SSEB vs. RB | | BSEB vs. RB | | 男性 vs. 女性 | | 青年 vs. 中年 | | 青年 vs. 老年 | | 载人载物 vs. 无载 | |
	H	p 值	H	p 值	H	p 值	H	p 值	H	p 值	H	p 值
1	1	0.000	1	0.000	1	0.000	0	0.717	1	0.049	0	0.681
2	1	0.000	1	0.000	1	0.000	0	0.112	0	0.159	1	0.003
3	1	0.000	1	0.000	1	0.000	1	0.018	0	0.052	0	0.882
4	1	0.000	1	0.000	1	0.000	1	0.001	0	0.854	0	0.132
5	1	0.000	1	0.000	1	0.000	1	0.000	1	0.007	0	0.000
6	1	0.000	1	0.000	1	0.000	1	0.001	1	0.000	0	0.145
7	1	0.000	1	0.000	1	0.000	1	0.029	1	0.000	0	0.242
8	1	0.000	1	0.000	1	0.000	0	0.437	1	0.001	0	0.148
9	1	0.000	1	0.000	1	0.000	0	0.132	1	0.000	1	0.028
10	1	0.000	1	0.000	1	0.000	1	0.000	1	0.001	0	0.314
11	1	0.000	1	0.000	1	0.000	0	0.094	1	0.000	0	0.590

注:H 表示原假设的结果;$H=0$ 表示在 0.05 显著性水平下,不同类型条件下平均速度差异显著;$H=1$ 表示在 0.05 显著性水平下,不同类型条件下平均速度差异不显著。

2.2.5　采样间隔特性

交通系统是具有离散随机特性的系统,要对交通系统的各种复杂时变特性进行描述,就需要检测一定连续时间间隔内的交通流特征参数,并通过特征参数来表征观测时间间隔内的交通流平均特性。数据采样间隔会对数据采集精度和交通流特征参数产生明显的影响,在研究不同的交通流特性问题时,需要采用不同的数据采样间隔。因此,在实际工程中往往通过经验分析,根据具体的研究环境、研究内容与研究方法来区别设置交通流数据的采样间隔。针对交通事件检测的相关研究,就需要采用较小的数据采样间隔以描述数据的微观波动变化特性;而进行交通管理控制时,就需要采用较大的数据采样间隔以避免数据波动造成交通控制方案的不稳定。

由于自行车相比于机动车具有更加复杂的特性,因此需要根据研究对象与研究目的的不同,确定合理的混合自行车交通流数据采样间隔。图 2.4 和图 2.5 分别给出了在采样间隔为 10,20,30,40,50 及 60s 时,路段 1 和路段 4 的流量及速度变化趋势。从图中可以明显看出,随着数据采样间隔的增加,数据离散性和波动性呈现减弱趋势。

对于流量参数而言,在 10s 采样间隔下,混合自行车交通流最大流量约为 3000 辆·h^{-1}·m^{-1};而在 60s 采样间隔下,混合自行车交通流最大流量降低到约

2000 辆·h^{-1}·m^{-1}。对于速度参数而言,在 10s 采样间隔下混合自行车交通流速度主要在 5～35 km·h^{-1}区间波动;而在 60s 采样间隔下,混合自行车交通流速度主要集中在 10～20 km·h^{-1}。因此,在后续研究中需要针对具体的问题及方法确定合理的混合自行车交通流参数统计的采样间隔。

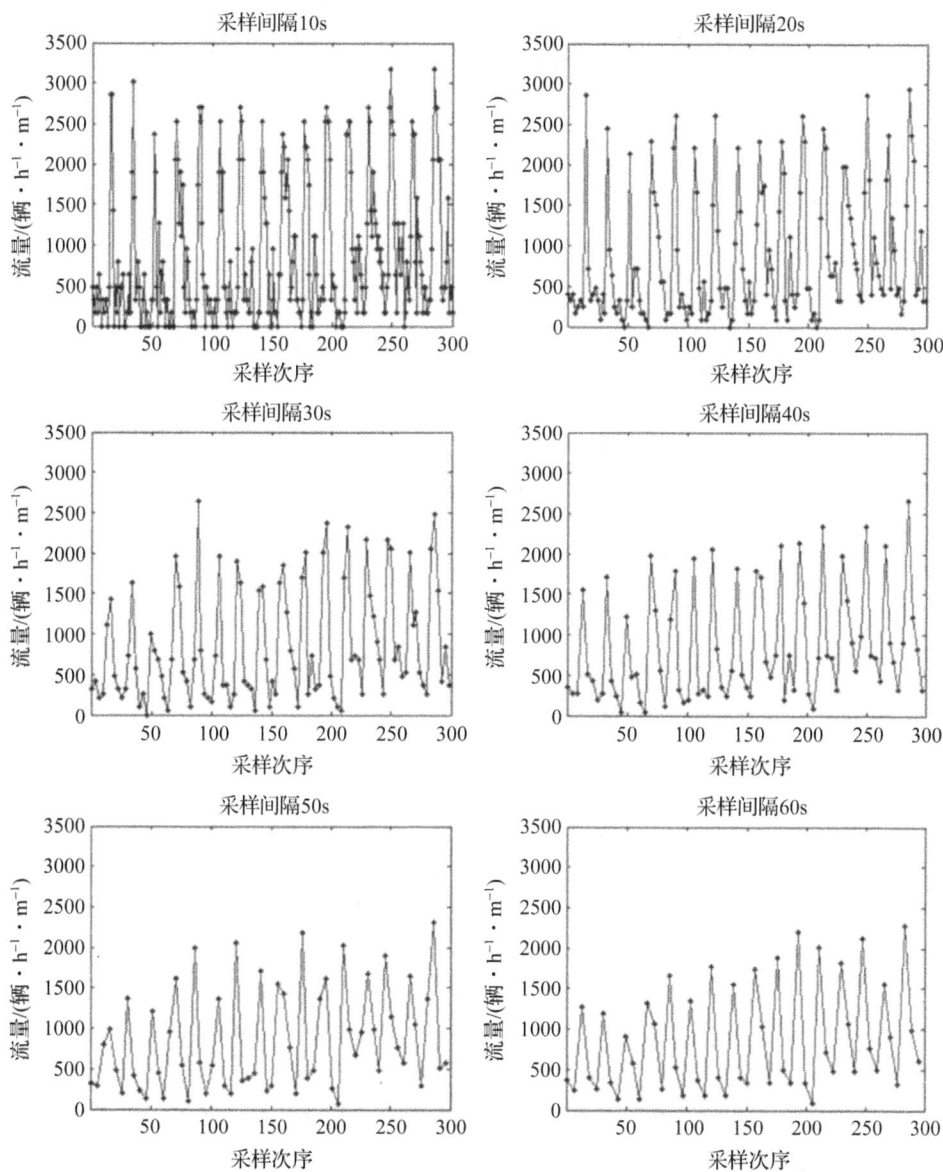

(a) 不同采样间隔下的流量

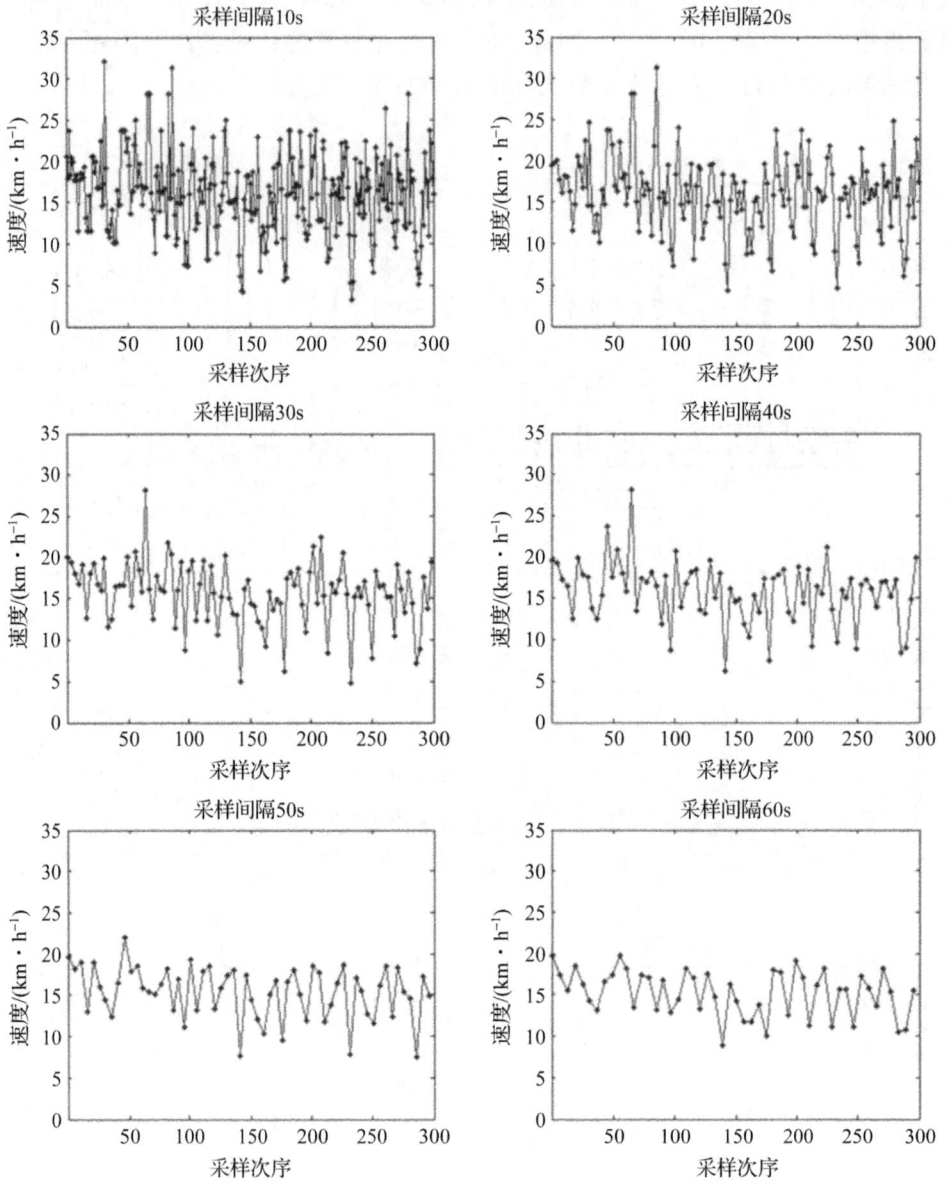

(b) 不同采样间隔下的速度

图 2.4　路段 1 不同采样间隔下的流量与速度变化趋势

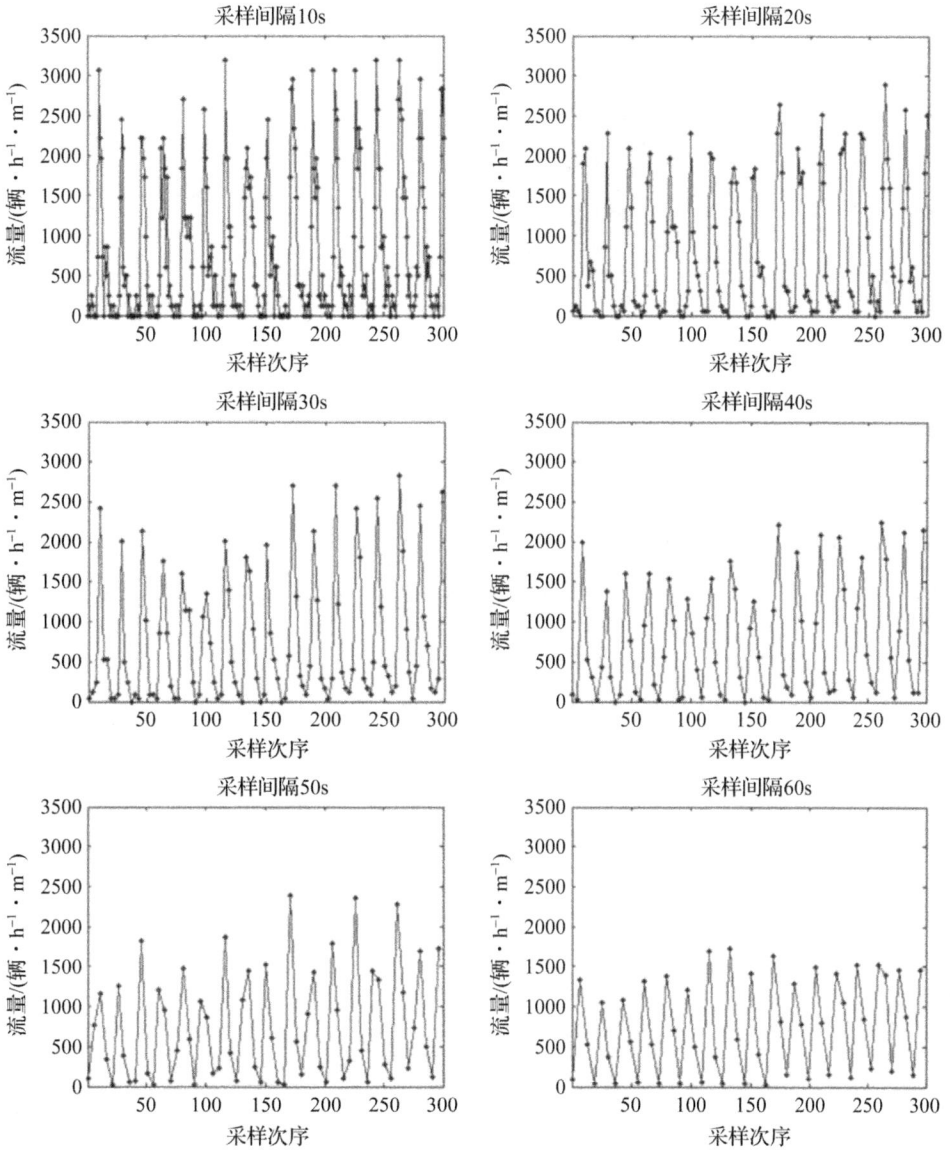

(a) 不同采样间隔下的流量

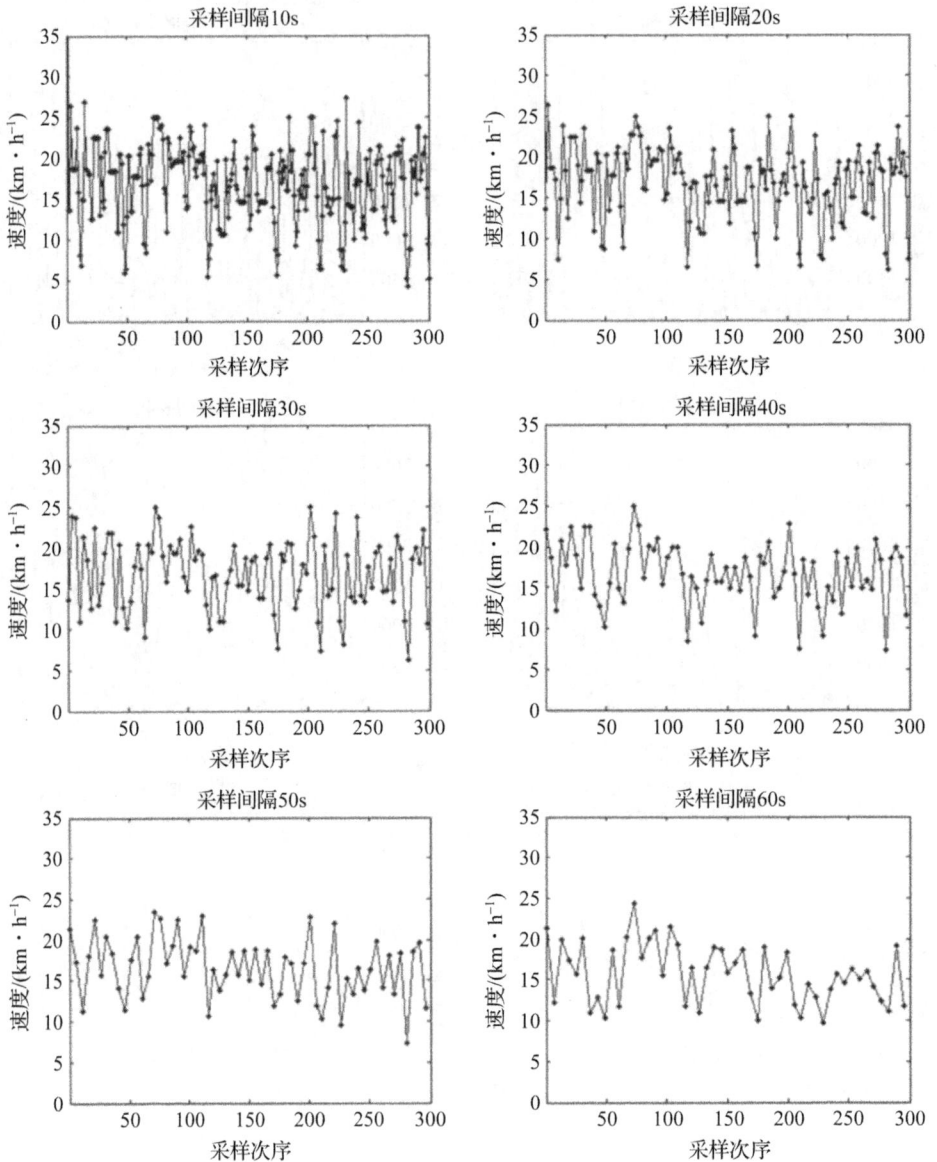

(b) 不同采样间隔下的速度

图 2.5　路段 4 不同采样间隔下的流量与速度变化趋势

2.3　本章小结

本章主要阐述了混合自行车交通流的数据获取方法，详细地介绍了本书分析与建模所采用的混合自行车交通流数据的来源、调查方法、数据结构，以及数据特性等。在此基础上，分别针对混合自行车交通流的基本统计量、自行车尺寸特性、流量特性、速度特性，以及采样间隔特性进行了深入分析。原始数据的获取与预处理将为后续开展混合自行车交通流的运行特性分析、安全风险评估与微观行为建模奠定数据基础。

第3章 混合自行车交通流特性分析

速度是交通流的核心参数之一,能够影响交通流的运行效率与安全性。由于我国对电动自行车是按照非机动车进行管理的,其与普通自行车共用非机动车道。因此,深入研究混合自行车交通流运行的速度分布特性,是进行自行车限速管理、非机动车道通行能力与服务水平分析、非机动车道交通安全风险评估的基础,具有重要的理论意义与现实价值。

3.1 路段速度基本特性

速度分布模型是进行道路行程时间预测和服务水平分析的基础模型之一。国内外针对机动车交通流速度的研究取得了许多重要研究成果,然而,针对电动自行车以及电动自行车与普通自行车混合运行的速度研究仍然较为缺乏。本章通过调查获得了四个物理隔离非机动车道基本路段的混合自行车交通流速度数据,并以此为基础进行混合自行车交通流的速度基本特性和速度分布模型的研究。

表 3.1 给出了不同类型自行车速度样本的基本特性参数统计结果。其中,偏度(skewness)和峰度(kurtosis)是两个重要的描述样本概率密度函数特性的指标。偏度是统计数据分布偏斜方向和程度的度量,是统计数据分布非对称程度的数字特征,表征概率分布密度曲线相对于平均值的不对称程度。峰度是描述某变量所有取值分布形态陡缓程度的统计量。偏度和峰度的计算公式如下:

$$\gamma = \frac{\sum_{i=1}^{n} (v_i - \overline{v})^3}{(n-1)s_v^3} \tag{3.1}$$

$$\beta = \frac{\sum_{i=1}^{n} (v_i - \overline{v})^4}{(n-1)s_v^4} \tag{3.2}$$

式中，γ 和 β 分别为自行车速度样本的偏度和峰度；v_i 为第 i 辆自行车的速度；n 为观测的自行车样本量；$\bar{v}$ 和 s_v 分别为 n 辆自行车的样本均值与标准差。从表中数据可以得到如下结论。

（1）四个路段普通自行车平均速度分别为 10.83，11.82，15.70 及 14.87 km·h^{-1}，大大低于电动自行车的平均速度，而两种不同类型电动自行车的速度没有显著差异。由于电动自行车由电力驱动，故其外形尺寸差异不会导致运行速度存在很大的差异。相关运行速度研究结论与先前的研究较为一致。

表 3.1　不同类型自行车速度的基本统计结果

调查地点	自行车类型	样本量	最小值/(km·h^{-1})	最大值/(km·h^{-1})	均值/(km·h^{-1})	标准差/(km·h^{-1})	85%分位数/(km·h^{-1})	偏度	峰度
教工路 A	RB	956	3.24	24.00	10.83	3.86	15.00	0.37	2.44
	BSEB	500	4.19	27.69	13.10	4.99	18.95	0.35	2.38
	SSEB	1488	3.16	30.00	13.21	5.48	18.95	0.42	2.32
	合计	2944	3.16	30.00	12.42	5.05	18.00	0.55	2.65
文三路	RB	1420	2.06	30.00	11.82	5.44	17.31	0.14	2.36
	BSEB	610	2.49	32.14	15.67	7.01	23.68	0.23	2.06
	SSEB	1488	1.88	34.62	14.76	7.43	22.50	0.19	2.06
	合计	3252	1.88	34.62	13.92	6.91	21.43	0.21	2.26
文二路	RB	1420	3.17	28.12	15.70	3.65	19.57	−0.17	3.83
	BSEB	610	2.49	30.00	16.37	6.52	22.50	−0.54	2.41
	SSEB	1488	3.26	42.25	19.84	5.76	25.00	−0.21	4.08
	合计	2885	3.26	42.25	18.68	4.91	23.68	−0.31	4.31
天目山路 A	RB	1420	3.17	26.47	14.87	3.70	18.75	−0.10	3.20
	BSEB	610	2.49	34.62	15.45	6.35	22.50	−0.26	2.36
	SSEB	1488	4.39	40.91	18.24	5.73	25.35	0.00	2.83
	合计	2222	6.00	40.91	17.67	5.21	24.52	−0.15	2.97

（2）前两个路段的平均速度（12.42 和 13.92 km·h^{-1}）明显小于后两个路段（18.68 和 17.67 km·h^{-1}）。这是因为前两个路段车道较窄且流量较大，部分时间会出现短暂的接近饱和的状态，平均速度较低。而后两个路段车道较宽、流量较小，交通状态基本维持在自由流状态。交通状态的不同也会导致自行车交通流速度分布概率密度函数的差异，后文将进行详细分析。

（3）85%分位速度经常被用于确定道路的自由流速度。从表中可以看出，电动自行车 85%分位速度明显高于普通自行车。四个路段所有车辆的 85%分位速度分别为 18.00，21.43，23.26 及 24.52 km·h^{-1}。随着四个路段车道宽度的增加，车辆之间侧向干扰会随之减少，因而自由流速度也会随之增加。后两个路段电动自行车的自由流速度都超过 25 km·h^{-1}，超过国家规定的 20 km·h^{-1} 的限速，这表明电动自行车超速现象在非机动车道（特别是较宽的非机动车道）较为普遍。

（4）从偏度数据来看，前两个路段所有类型车辆的偏度都大于零，说明速度概率密度函数存在较为明显的右偏现象。造成这种现象的主要原因是这两个路段流量相对较大，大部分车辆形成较为稳定的车流，速度差异不大。部分高速行驶的电动自行车形成了右偏的长尾分布。而后两个路段的偏度特性则不同，偏度值较小且存在左偏的长尾特性。这主要是因为大部分车辆都处于自由流运行状态，只有部分普通自行车运行速度较低。

（5）从峰度数据来看，与机动车速度数据具有正态分布特性不同，不同地点及车辆类型的自行车速度数据都存在较为明显的峰度特征。这是由于与机动车相比，自行车具有更加明显的集群性。因此其速度离散程度较低，概率密度函数就会比正态分布具有更大的峰度，形成"尖峰"特征。

3.2 速度基本分布模型

3.2.1 分布模型形式

速度分布特性是交通流的重要特性之一。图 3.1 分别给出了普通自行车、电动自行车和混合自行车交通流的速度分布频率统计图。从中可以看出，普通自行车和电动自行车具有不同的峰值，进而导致总体分布具有较为复杂的分布统计特性。由于速度数据偏度和峰度等特性的存在，一般的正态分布模型不能很好地拟合实际混合自行车交通流的速度数据。

为了更好地拟合混合运行条件下的自行车交通流速度分布，这里采用四种常见的分布模型对原始数据进行拟合。这四种分布模型分别为正态（normal）分布、对数正态（log-normal）分布、伽马（gamma）分布和韦布尔（Weibull）分布。四种分布的概率密度函数如下所示。

$$f_n(v) = \frac{1}{\sqrt{2\pi}\sigma}\exp\left[-\frac{(v-\mu)^2}{2\sigma^2}\right] \tag{3.3}$$

$$f_l(v) = \begin{cases} \dfrac{1}{\sqrt{2\pi}\sigma v}\exp\left[-\dfrac{(\ln v-\mu)^2}{2\sigma^2}\right], & v > 0 \\ 0, & v \leqslant 0 \end{cases} \tag{3.4}$$

$$f_g(v) = \begin{cases} \dfrac{v^{k-1}\mathrm{e}^{-\frac{v}{\theta}}}{\theta^k\Gamma(k)}, & v > 0 \\ 0, & v \leqslant 0 \end{cases} \tag{3.5}$$

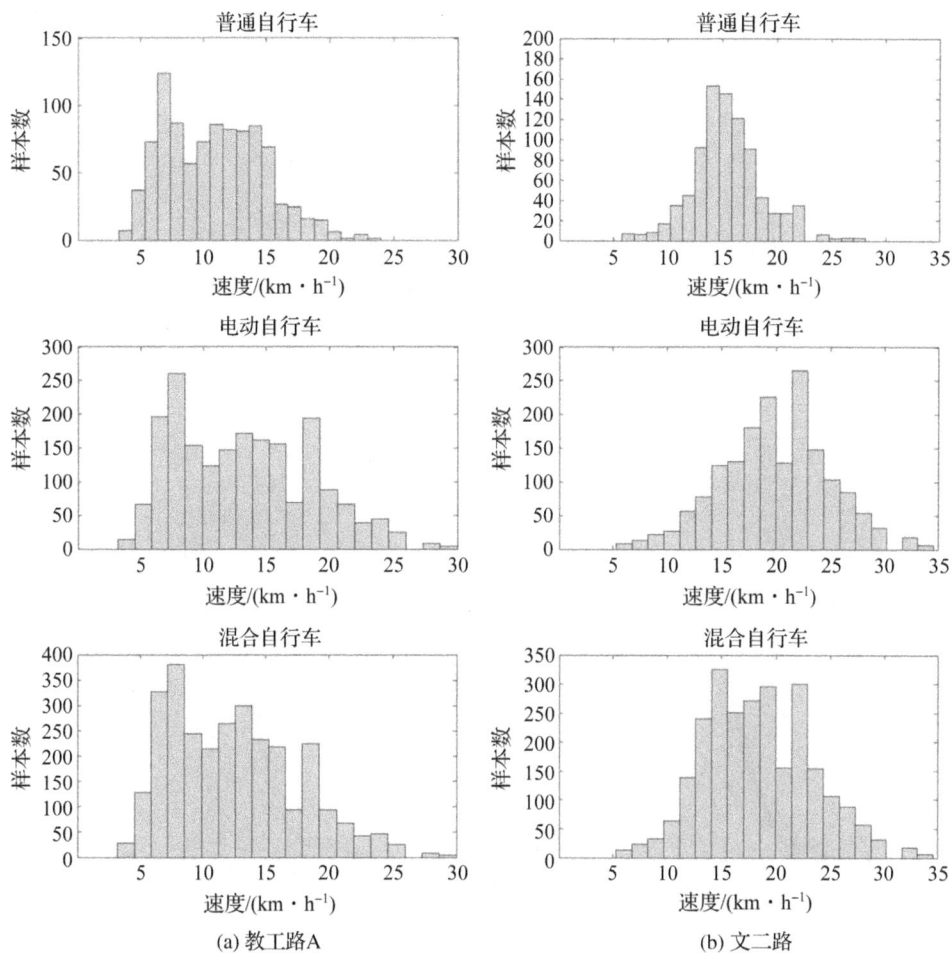

图 3.1　普通自行车、电动自行车及混合自行车交通流的速度分布频率统计图

$$f_w(v) = \begin{cases} \dfrac{k}{\lambda} \left(\dfrac{v}{\lambda} \right)^{k-1} \mathrm{e}^{-(v/\lambda)^k}, & v \geqslant 0 \\ 0, & v < 0 \end{cases} \tag{3.6}$$

式中，$f_n(v), f_l(v), f_g(v)$ 和 $f_w(v)$ 分别为正态分布、对数正态分布、伽马分布和韦布尔分布的概率密度函数；μ, σ, θ, k 及 λ 分别为模型参数。

3.2.2　拟合结果

本书使用 Matlab 7.0 的最大似然估计工具箱进行四种分布模型的参数估计与置信区间确定。对每个路段分别采用四种分布进行拟合，原始数据分布和拟合后的分布结果如图 3.2 所示。从图中可以直观地看出，对数正态分布和韦布尔分布相比其他两种分布，能够更好地拟合实测的原始数据。

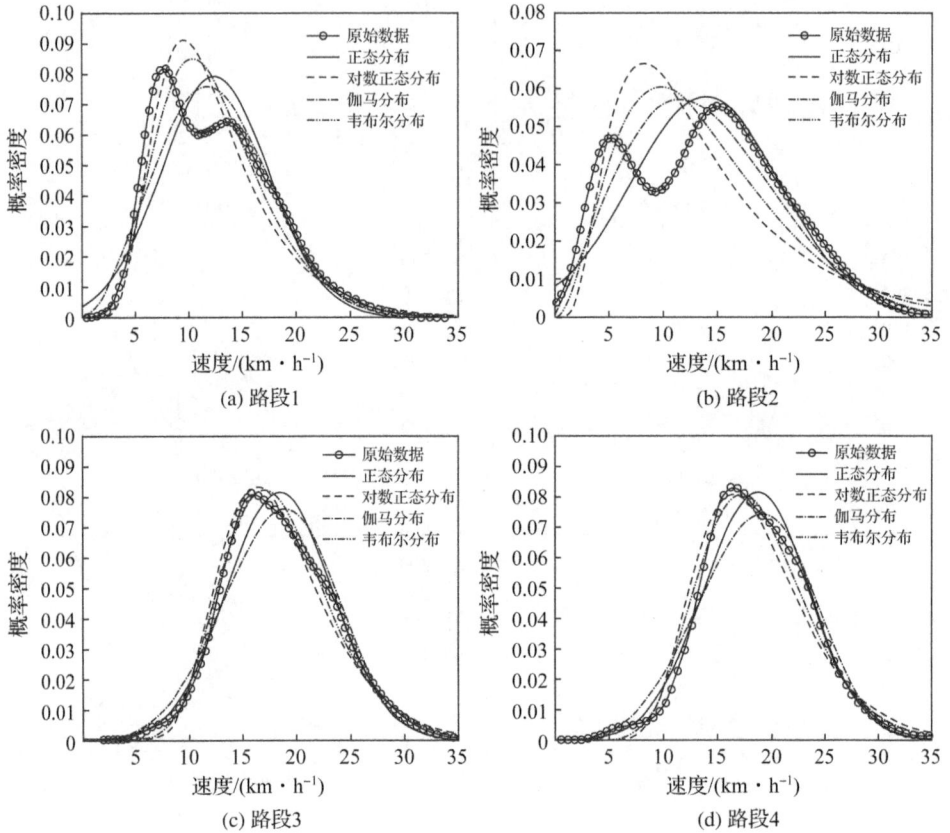

图 3.2　四个调查地点的速度分布拟合结果

　　为了进一步定量地分析拟合结果，采用单样本 KS(Kolmogorov-Smirnov，科尔莫戈罗夫-斯米尔诺夫)拟合优度检验对分布模型进行验证。其中，H 表征原假设的结果；$H=0$ 表示在显著性水平 0.05 的条件下，接受自行车速度数据符合特定分布的原假设；$H=1$ 表示在显著性水平 0.05 的条件下，拒绝自行车速度数据符合特定分布的原假设。KS 拟合优度检验的统计量 $KSSATA$ 和 CV 的结果见表 3.2。如果 $KSSTAT$ 大于 CV，表明接受原假设，即原始数据服从相应的分布模型。如果 $KSSTAT$ 和 CV 两者的差值越大，表明分布模型的拟合优度越好。

　　从表 3.2 中可以看出，四个调查地点的速度都能够通过对数正态分布和韦布尔分布的 KS 拟合优度检验。然而，只有路段 3 和路段 4 能够通过正态分布和伽马分布的 KS 拟合优度检验。产生这一结果的主要原因是路段 1 和路段 2 的数据包括大量的交通拥堵状态下的数据。因此,其交通流运行及速度分布更加复杂,导致无法通过正态分布和伽马分布的检验。上述结果表明,对数正态分布和韦布尔分布能够更好地拟合混合自行车运行的速度特性。

表 3.2　KS 拟合优度检验结果统计量

调查地点	KS 检验指标	正态分布	对数正态分布	伽马分布	韦布尔分布
	H	1	0	1	0
路段 1	$KSSTAT$	0.189	0.767	0.173	0.719
	CV	0.229	0.124	0.249	0.224
	H	1	0	1	0
路段 2	$KSSTAT$	0.189	0.767	0.173	0.719
	CV	0.249	0.224	0.249	0.224
	H	0	0	0	0
路段 3	$KSSTAT$	0.534	0.767	0.438	0.719
	CV	0.232	0.025	0.323	0.024
	H	0	0	0	0
路段 4	$KSSTAT$	0.592	0.767	0.538	0.719
	CV	0.234	0.121	0.213	0.024

3.2.3　电动自行车比例影响因素分析

由于电动自行车相比普通自行车具有更快的速度,因此随着电动自行车比例的增加,混合自行车交通流的平均速度也会随之增加。通过分析电动自行车比例与混合自行车交通流速度的相关关系,能够更好地明确电动自行车对路段混合自行车交通流运行速度的定量影响。因此,本书提出了电动自行车比例影响因素的线性回归模型,如下所示:

$$v_m = f_v(p_e) = a + bp_e \tag{3.7}$$

式中,v_m 为使用对数正态分布估计得到的混合自行车交通流平均速度;p_e 为混合自行车交通流中电动自行车的比例;a 和 b 为回归模型的估计参数。

相关系数 R 表征了回归结果与实际数据的近似程度。相关系数可用以下公式计算:

$$R^2 = 1 - \frac{\sum_{n=1}^{N} (v_n^s - v_n^0)^2}{\sum_{n=1}^{N} (v_n^0 - \bar{v})^2} \tag{3.8}$$

式中,v_n^s 为使用回归模型估计得到的平均速度;v_n^0 为原始速度值;$\bar{v}$ 为原始速度的平均值;N 为速度的样本量。

为了分析电动自行车比例的影响,本章通过四个步骤建立相应的回归模型。首先,将四个调查地点的原始数据划分为若干个区间,每个区间都包括一些速度样本数据。其次,采用对数正态分布模型对每个区间的速度样本数据进行拟合,得到估计速度样本均值,同时计算得到该区间的电动自行车比例。然后,分别绘制各个区间速度样本均值和电动自行车比例的散点图。最后,将散点数据应用公式(3.7)估计得到回归模型的参数。

四个调查路段电动自行车比例与交通流平均速度的回归结果如图3.3所示。从中可以看出,四个路段的结果都具有较强的线性相关性。相关系数R都大于0.5,表明回归结果具有很好的拟合优度。

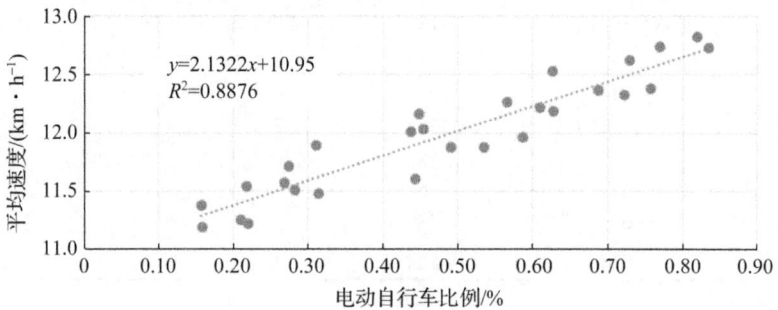

$y=2.1322x+10.95$
$R^2=0.8876$

(a) 路段1

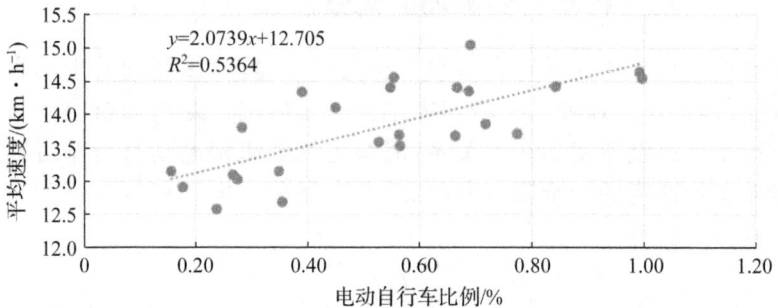

$y=2.0739x+12.705$
$R^2=0.5364$

(b) 路段2

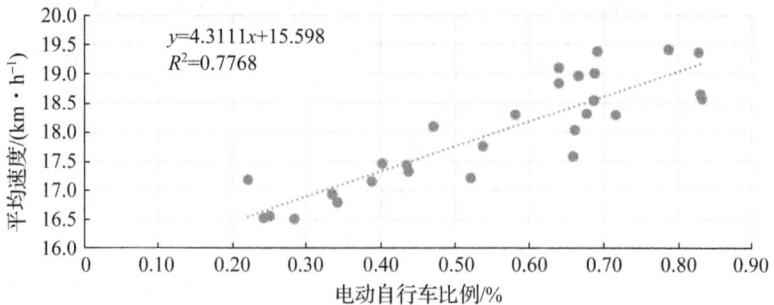

$y=4.3111x+15.598$
$R^2=0.7768$

(c) 路段3

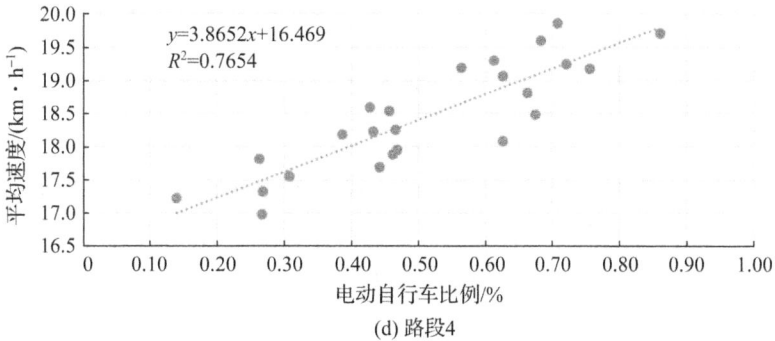

(d) 路段4

图 3.3　电动自行车比例与交通流速度均值的线性回归结果

使用上述回归模型就可以得到电动自行车比例为 1 和 0 时(即全部是电动自行车或者全部是普通自行车)的交通流平均速度,其计算公式如下:

$$\begin{cases} \overline{v}_r = f_v(p_e = 0) = a \\ \overline{v}_e = f_v(p_e = 1) = a + b \end{cases} \tag{3.9}$$

式中,$\overline{v}_r$ 和 $\overline{v}_e$ 分别为纯普通自行车和纯电动自行车环境下自行车交通流的平均速度。

为了验证回归模型的有效性,纯普通自行车和纯电动自行车的估计平均速度可以由公式(3.9)获得。通过分析平均速度和实际平均速度的误差,可以间接评价回归模型的精度。

平均速度估计值的误差如表 3.3 所示。从中可以看出,平均相对误差为 2.3%,平均绝对误差为 0.45 km·h^{-1}。结果表明回归模型对于四个路段都具有较好的拟合优度。因此,采用该回归模型可以有效地计算不同比例电动自行车条件下的混合自行车交通流平均速度。

表 3.3　纯普通自行车和纯电动自行车估计平均速度的误差

调查地点	自行车类型	原始平均速度/(km·h^{-1})	估计平均速度/(km·h^{-1})
路段 1	RB	10.83	10.95
	EB	13.18	13.08
路段 2	RB	11.82	12.71
	EB	15.54	14.78
路段 3	RB	15.47	15.60
	EB	19.91	19.91
路段 4	RB	16.07	16.47
	EB	20.51	20.33
平均相对误差		2.30%	
平均绝对误差		0.45 km·h^{-1}	

3.3　速度的高斯混合分布模型

虽然上节提出的单一分布能够有效地拟合速度数据，但是由于混合自行车交通流的特性较为复杂，单一的分布难以刻画这种复杂特性。因此，本节主要考虑采用混合分布对速度样本进行拟合，以期提高速度样本数据的拟合精度。

3.3.1　基本假设

对于自行车来说，其速度受到骑行人特性（性别、年龄、性格、驾驶经验等）、车辆类型（普通自行车、电动自行车等）、道路特性（路面情况、隔离情况、道路线形等）、交通状态，以及环境因素（天气情况等）的影响。对于特定条件下的速度来说，道路特性以及环境因素等影响可以忽略不计，自行车速度主要受到交通状况、骑行人特性及车辆类型的影响。

因此，可以假设不同影响因素的组合导致了骑行人选择不同的速度，即不同影响因素导致了速度属于不同的亚类。假设存在 M 种不同的影响因素组合，那么某一辆自行车的速度就来自于其中的某种亚类。由于受到不同因素的影响，不同亚类概率密度函数的参数也不相同。这里可以假设不同亚类自行车速度样本都服从相同的分布函数（如正态分布、对数正态分布等），而其分布函数的参数（均值、方差等）会随着不同影响因素的变化而变化。

3.3.2　模型建立

通过上述假设可知，自行车速度样本构成了多元概率分布模型。本章采用高斯混合模型（Gaussian mixture model，GMM）来拟合自行车速度样本数据。具有 M 种亚类的高斯混合模型可以采用如下公式表达：

$$P\{v_k \mid (w_i, \mu_i, \sigma_i^2)\} = \sum_{i=1}^{M} w_i g(v_k \mid \mu_i, \sigma_i^2) \tag{3.10}$$

式中，v_k 为第 k 辆自行车的观测速度；$w_i(i=1, 2, \cdots, M)$ 为亚类 i 分布的权重系数，表示亚类 i 自行车速度样本占总样本的比例，需满足 $\sum_{i=1}^{M} w_i = 1$；$g(v_k \mid \mu_i, \sigma_i^2)$ 为亚类 i 的概率密度函数，这里假设服从正态分布，具体公式如下：

$$g(v_k \mid \mu_i, \sigma_i^2) = \frac{1}{\sqrt{2\pi}\sigma_i} \exp\left[-\frac{1}{2\sigma_i^2}(v_k - \mu_i)^2\right] \tag{3.11}$$

式中，μ_i 和 σ_i 分别为亚类 i 正态分布的均值和标准差。

高斯混合模型中存在很多变量,选择不同的模型结构(类型数量与模型参数)就会得到不同的速度分布模型。其中,权重系数是高斯混合模型的核心,也是进行模型参数估计与样本类型识别的关键。

3.3.3　参数估计

对于某一特定路段的自行车速度样本数据,在确定 GMM 模型的亚类数量 M 后,模型参数估计的核心就是得到 GMM 参数合集 $\boldsymbol{\Theta} = (w_i, \mu_i, \sigma_i^2)$ 的最优估计。期望最大化(expectation maximization, EM)算法是该模型最普遍应用的参数估计方法。EM 算法主要通过 E 步骤(求期望)与 M 步骤(极大化)的不断迭代得到模型参数的最优估计。对于具有 N 个速度样本数据的路段来说,其速度分布 GMM 的似然函数可以表示为:

$$\ln \prod_{k=1}^{N} P(v_k \mid \boldsymbol{\Theta}) = \sum_{k=1}^{N} \ln P(v_k \mid \boldsymbol{\Theta}) \tag{3.12}$$

由于 GMM 参数在式(3.12)中都是隐性表达的,无法通过直接求导得到最大值。因而应用 EM 算法估计的具体步骤如下:

(1)通过 k 均值聚类算法初始化 GMM 参数 $\boldsymbol{\Theta} = (w_i, \mu_i, \sigma_i^2)$;

(2)E 步骤。针对第 k 个非机动车速度样本 v_k,它属于亚类 i 的概率为:

$$\gamma(k, i) = \frac{w_i g(v_k \mid \mu_i, \sigma_i^2)}{\sum_{j=1}^{M} w_j g(v_k \mid \mu_j, \sigma_j^2)} \tag{3.13}$$

(3)M 步骤。对公式(3.13)求导,得到最大似然估计对应的均值和方差:

$$\mu_i = \frac{1}{N_i} \sum_{k=1}^{N} \gamma(k, i) v_k \tag{3.14}$$

$$\sigma_i^2 = \frac{1}{N_i} \sum_{k=1}^{N} \gamma(k, i)(v_k - \mu_i)^2 \tag{3.15}$$

式中,$N_i = \sum_{k=1}^{N} \gamma(k, i)$,为所有 N 个样本属于亚类 i 的概率之和。由于参数 w_i 满足 $\sum_{i=1}^{M} w_i = 1$,因此在 GMM 似然函数中加入拉格朗日乘子 $\ln \prod_{k=1}^{N} P(v_k) + \lambda\left(\sum_{i=1}^{M} w_i - 1\right)$,得到似然函数取得最大值时 w_i 所对应的值:

$$w_i = \frac{N_i}{N} \tag{3.16}$$

(4)通过预设最小误差判断似然函数是否收敛。若收敛,则停止迭代,得到最终估计结果;否则,返回第(2)步重新进行迭代计算。

3.3.4 结果分析与讨论

3.3.4.1 估计结果

由于无法直接确定适合混合自行车交通流速度分布的亚类数。因此，本节假设 GMM 分别具有 2～6 种亚类，并对这五种情况采用 EM 算法分别进行了模型参数估计。四个路段样本数据的经验概率密度函数与一元至六元 GMM 分布下的概率密度函数如图 3.4 所示。从中可以看出，路段 1 和 2 的速度数据具有明显的双峰现象，而路段 3 和 4 的速度数据接近正态分布。同时，多元 GMM 分布能够很好地描述混合自行车交通流速度样本所具有的多峰及偏态特性。

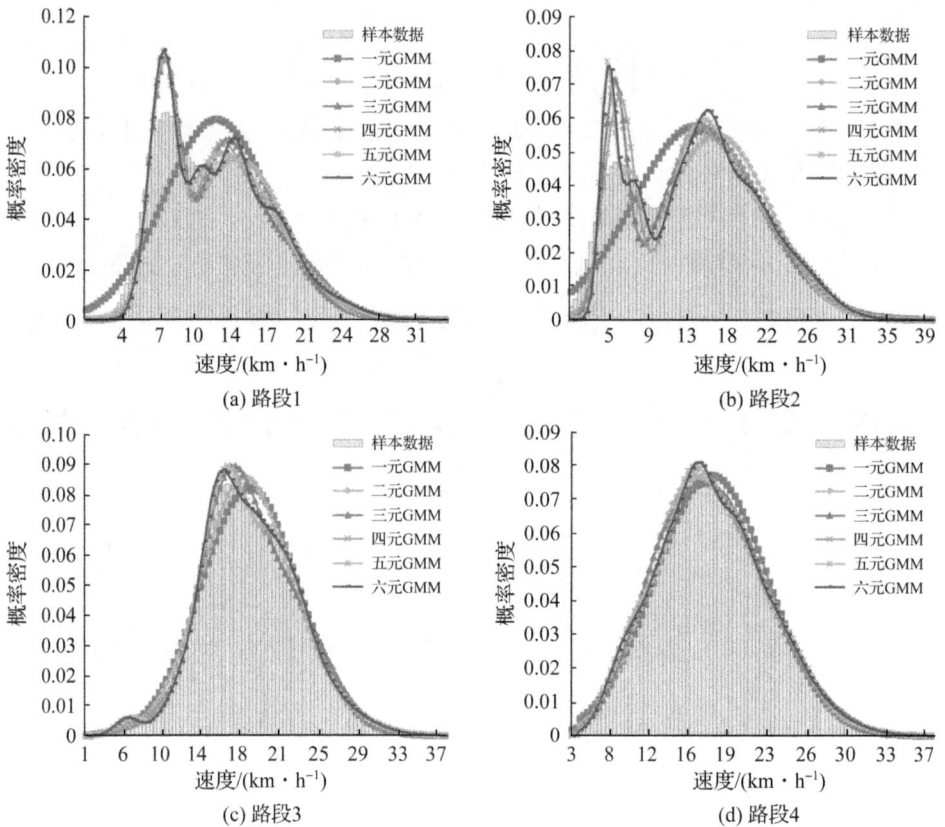

图 3.4　观测值与多元 GMM 的概率密度函数

不同亚类下四条路段的模型参数估计结果如表 3.4 所示。

表 3.4　不同亚类下四条路段的 GMM 参数估计结果

地点	M	均值						标准差						权重系数					
		μ_1	μ_2	μ_3	μ_4	μ_5	μ_6	σ_1	σ_2	σ_3	σ_4	σ_5	σ_6	w_1	w_2	w_3	w_4	w_5	w_6
路段 1	2	7.3	14.4	—	—	—	—	1.3	4.5	—	—	—	—	0.27	0.73	—	—	—	—
	3	7.4	13.1	18.3	—	—	—	1.5	2.4	3.7	—	—	—	0.37	0.36	0.27	—	—	—
	4	7.3	12.7	17.4	21.2	—	—	1.4	2.2	2.1	3.3	—	—	0.36	0.37	0.18	0.09	—	—
	5	6.7	7.5	10.8	14.5	18.0	—	1.3	1.1	2.2	2.9	4.2	—	0.14	0.15	0.19	0.27	0.24	—
	6	6.6	7.7	10.8	13.9	17.5	21.3	1.3	1.1	1.3	1.3	2.0	3.3	0.16	0.18	0.17	0.20	0.19	0.09
路段 2	2	4.8	16.2	—	—	—	—	1.3	5.8	—	—	—	—	0.20	0.80	—	—	—	—
	3	4.9	14.0	21.9	—	—	—	1.3	4.1	4.4	—	—	—	0.22	0.53	0.24	—	—	—
	4	5.4	13.2	18.2	24.2	—	—	1.7	2.5	2.6	3.4	—	—	0.28	0.32	0.24	0.15	—	—
	5	4.0	6.5	13.5	17.8	23.2	—	0.7	1.6	2.9	3.4	4.0	—	0.12	0.16	0.32	0.22	0.18	—
	6	4.2	7.0	11.6	15.0	19.0	23.8	0.9	1.5	1.7	1.8	2.4	3.7	0.15	0.15	0.13	0.23	0.18	0.16
路段 3	2	17.6	19.9	—	—	—	—	3.9	5.5	—	—	—	—	0.53	0.47	—	—	—	—
	3	13.0	16.4	21.8	—	—	—	4.4	2.7	4.1	—	—	—	0.11	0.41	0.49	—	—	—
	4	13.7	16.3	21.8	25.5	—	—	4.5	2.4	2.3	3.8	—	—	0.14	0.45	0.28	0.13	—	—
	5	6.6	13.9	16.2	20.8	23.8	—	1.4	2.5	1.9	2.8	4.3	—	0.02	0.19	0.25	0.35	0.19	—
	6	6.2	14.0	15.7	18.7	21.7	24.0	1.2	2.8	1.6	1.5	2.4	4.3	0.02	0.20	0.23	0.12	0.26	0.18
路段 4	2	14.8	20.6	—	—	—	—	3.8	4.7	—	—	—	—	0.51	0.49	—	—	—	—
	3	13.4	18.7	24.0	—	—	—	3.3	3.3	4.0	—	—	—	0.38	0.43	0.19	—	—	—
	4	9.7	15.1	19.7	23.0	—	—	1.8	2.8	3.6	4.6	—	—	0.09	0.39	0.33	0.19	—	—
	5	11.0	15.8	19.9	24.2	26.7	—	2.2	2.0	2.0	2.2	3.8	—	0.20	0.35	0.27	0.13	0.06	—
	6	10.0	13.9	16.5	19.3	21.9	24.2	1.9	1.8	1.4	1.7	3.0	4.3	0.13	0.22	0.17	0.14	0.20	0.14

3.3.4.2 亚类数确定

为了进一步确定 GMM 的亚类数,分别对样本数据的经验分布与估计的 GMM 分布进行 KS 拟合优度检验。KS 检验基于累积分布函数,检验速度样本的经验分布是否服从 M 类的 GMM 分布。KS 检验的 H 值及 P 值结果如表 3.5 所示。

从表中可以看出,在 0.05 显著性水平下,路段 1 和 2 的速度样本数据服从五元及六元 GMM 分布;路段 3 和 4 的速度样本数据服从三元及四元 GMM 分布。若按照 0.1 的显著性水平进行假设检验,则路段 1~4 分别服从六元、五元、三元及三元 GMM 分布。P 值越大,表明拟合的 GMM 分布与速度样本经验分布之间越没有显著性的差异,即拟合得到的混合自行车交通流速度 GMM 分布越接近实际样本数据的经验分布。因此,这里可以采用 P 值大小确定 GMM 分布的最优亚类数量。

表 3.5 EM 算法性能与 KS 检验结果

地点	M	估计参数量	CPU 时间/s	迭代次数	似然估计值 L	KS 检验	
						H	P 值
路段 1	2	5	35.84	62	−21049.1	1	0.000**
	3	8	58.05	74	−21730.1	1	0.023*
	4	11	120.2	119	−24855.5	1	0.042*
	5	14	141.05	115	−26053.9	0	0.062
	6	17	141.98	98	−36680.1	0	0.153
路段 2	2	5	32.38	50	−36511.9	1	0.000**
	3	8	70.95	79	−37660.7	1	0.028*
	4	11	9.81	8	−36038.5	1	0.039*
	5	14	200.81	151	−75024.8	0	0.184
	6	17	42.05	25	−79286.8	0	0.092
路段 3	2	5	37.39	74	−8838.09	1	0.000**
	3	8	25.08	35	−10413.1	0	0.152
	4	11	54.36	57	−12710.9	0	0.092
	5	14	144.31	130	−15652.6	1	0.034*
	6	17	548.97	413	−18350.7	1	0.026*
路段 4	2	5	15.75	48	−7489.45	1	0.002**
	3	8	37.38	78	−8668.76	0	0.154
	4	11	247.19	400	−10712.4	0	0.063
	5	14	58.69	73	−14523.2	1	0.027*
	6	17	97.36	100	−16163.9	1	0.036*

注:* 表示在 0.05 的显著性水平下拒绝原假设;** 表示在 0.01 的显著性水平下拒绝原假设。

　　由于路段 1 和 2 存在多种复杂的交通状态,在自行车类型及骑行人特性等多种因素的综合作用下,交通流的速度分布特性异常复杂,需要更多亚类才能很好地拟合自行车速度样本数据。

　　而对于路段 3 和 4 而言,由于其交通基本处于自由流状态,交通状态对混合自行车交通流速度的影响几乎可以忽略,仅自行车类型及骑行人特性因素会对速度分布产生影响,在这种情况下得到的最优亚类数量为三类。在各自最优亚类数量情况下,四个路段速度数据的各亚类概率密度与混合概率密度如图 3.5 所示。

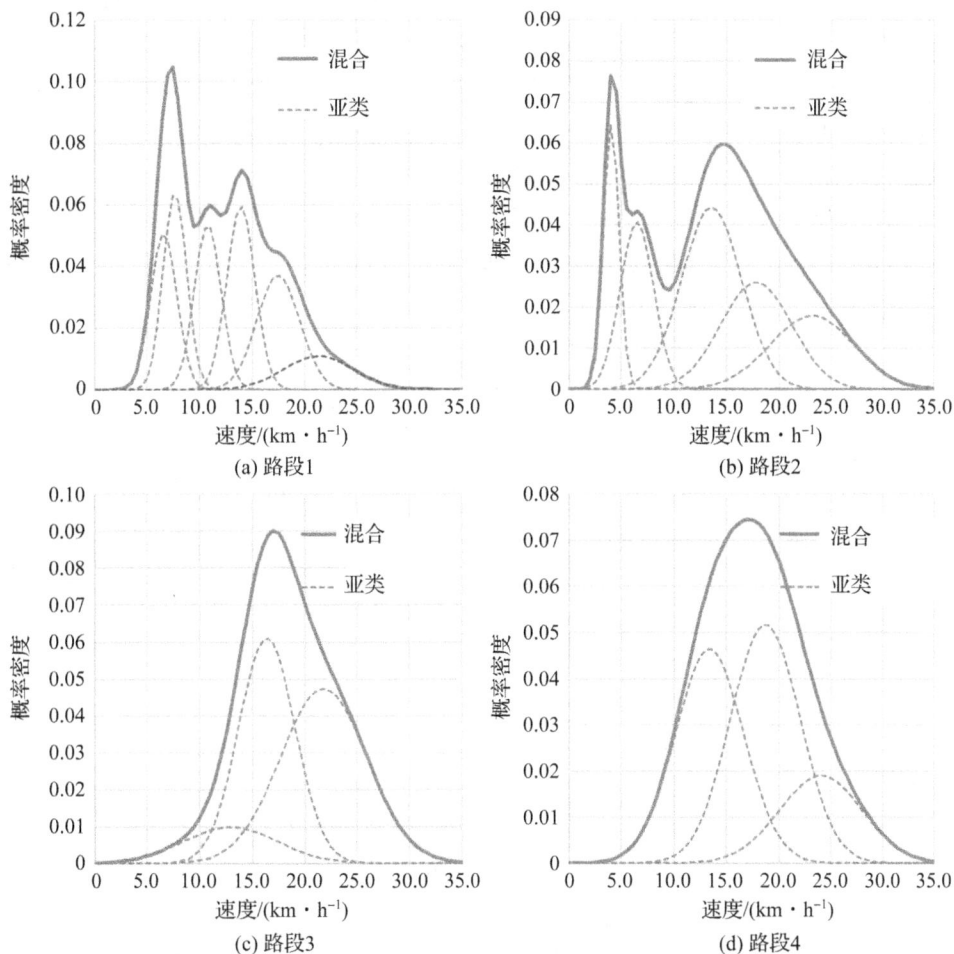

图 3.5　不同路段拟合的速度概率分布

3.3.4.3　模型应用

在得到估计的最优拟合 GMM 分布后，可以应用该分布模型分析不同限速阈值下的自行车超速行为的分布情况。

在限速阈值 $v_{\lim}$ 下，亚类 i 中超速自行车比例的计算公式如下：

$$p_i(v_{\lim}) = 1 - F(v_{\lim} \mid \mu_i, \sigma_i) \tag{3.17}$$

式中，$v_{\lim}$ 为确定的限速阈值；$p_i(v_{\lim})$ 为亚类 i 在限速阈值 $v_{\lim}$ 下的超速自行车比例；$F(\cdot)$ 为正态分布的累积概率密度函数。

表 3.6 分别给出了在限速阈值 20，25 及 30 km·h^{-1} 下四个路段不同亚类中超速自行车的比例。从中可以看出，当限速阈值为 20 km·h^{-1} 时，四个路段最高车速亚类中，超速自行车比例分别占到了 65.5%，78.4%，66.8% 及 84.3%，大部分自行车处于超速范围。随着限速阈值的增加，超速自行车比例大大降低。当限速阈值设置为 30 km·h^{-1} 时，四个路段超速自行车比例仅为 0.4%，4.4%，2.3% 和 6.6%，几乎所有自行车都不超速。因此，可以采用混合分布模型估算超速自行车比例、分析不同亚类中自行车超速的特性，以此作为不同类型自行车限速阈值优化的基本依据。

表 3.6　超速自行车比例分析

地点	限速阈值 /(km·h^{-1})	亚类					
		1	2	3	4	5	6
路段 1	20	0.0%	0.0%	0.0%	0.0%	11.0%	65.5%
	25	0.0%	0.0%	0.0%	0.0%	0.0%	13.2%
	30	0.0%	0.0%	0.0%	0.0%	0.0%	0.4%
路段 2	20	0.0%	0.0%	1.3%	25.8%	78.4%	—
	25	0.0%	0.0%	0.0%	1.7%	32.2%	—
	30	0.0%	0.0%	0.0%	0.0%	4.4%	—
路段 3	20	5.6%	8.9%	66.8%	—	—	—
	25	0.3%	0.1%	21.8%	—	—	—
	30	0.0%	0.0%	2.3%	—	—	—
路段 4	20	2.1%	34.6%	84.3%	—	—	—
	25	0.0%	2.8%	40.2%	—	—	—
	30	0.0%	0.0%	6.6%	—	—	—

3.4　混合自行车运行临界状态识别

一般情况下,道路交通状态可以简单地划分为畅通和拥堵两种状态,临界交通状态是指交通状态由畅通向拥堵转换的过渡阶段,也是路段交通流量接近或者达到通行能力的阶段。交通流基本图中流量-速度-密度的关系曲线如图 3.6 所示,从中可以看出,当交通流量达到通行能力时,此时的交通流密度和速度达到临界状态。以格林希尔兹(Greenshields)模型为例,此时临界速度为自由流速度的一半,临界密度为阻塞密度的一半。由于不同的交通流基本图的模型结构与参数形式有很大的差异,因而得到的临界交通状态参数也存在很大的差别。因此,本书不依赖于特定的模型,而且基于对实际数据的建模与分析估计交通流临界状态参数,提升参数获取的有效性与稳定性。考虑到同一交通流量可能对应两种不同的交通状态,因而本书采用速度和密度(时间占有率)作为交通流临界状态参数值。后续将主要对速度和密度进行估计。

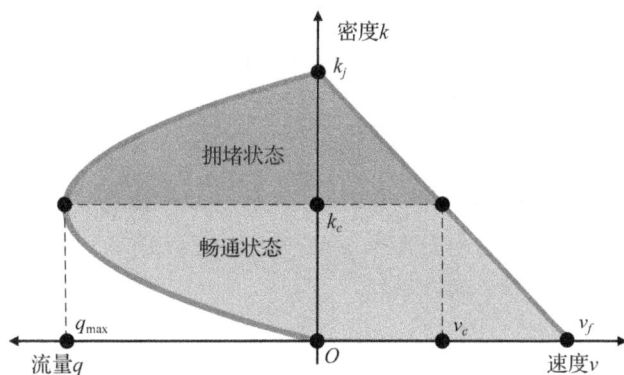

图 3.6　交通流基本图模型示意(Greenshields 模型)

3.4.1　基本假设

自行车的速度一般会受到骑行人因素、道路因素、车辆因素,以及环境因素的影响。对于特定道路下某一时间段的速度分析,一般可以假设道路和环境因素基本不发生变化,在不同的数据采样间隔中不同类型自行车组成和骑行人构成基本一致。因此,交通状态就成为唯一影响自行车速度的关键变量。本研究假设不同交通状态下的交通流参数属于不同的亚类,而不同的亚类具有不同的概率密度函数。因此,临界交通状态就是不同亚类概率密度函数的交会区域。假设交通状态分为两类,拥堵状态和畅通状态下的速度和时间占有率服从不同的分布函数。

3.4.2 高斯混合模型

假设在同一交通状态下,交通流参数服从正态分布,则不同的交通状态下所有交通流参数的样本构成了高斯混合模型。因此,交通流状态参数可以采用高斯混合模型进行拟合。对于一维变量 x 来说,k 类高斯混合模型的公式如下:

$$P(x \mid \boldsymbol{\Theta}) = \sum_{j=1}^{k} w_j g(x \mid \mu_j, \sigma_j^2) \tag{3.18}$$

式中,$P(x \mid \boldsymbol{\Theta})$ 为观测值 x 的概率分布;$\boldsymbol{\Theta} = (w_j, \mu_j, \sigma_j^2)$ 为需要估计的参数向量;k 为混合成分;$w_1, w_2, \cdots, w_k$ 为每一类成分的权重系数,为正值且符合 $\sum_{j=1}^{k} w_j = 1$;$\mu_1, \mu_2, \cdots, \mu_k$ 为每一类成分的均值;$\sigma_1^2, \sigma_2^2, \cdots, \sigma_k^2$ 为每一类成分的方差;$g(x \mid \mu_j, \sigma_j^2)$ 为高斯分布的概率密度函数。

对于每一类成分来说,其高斯分布函数的形式如下所示:

$$g(x \mid \mu_j, \sigma_j^2) = \frac{1}{\sqrt{2\pi} \sigma_j} \exp\left[-\frac{1}{2\sigma_j^2} (x - \mu_j)^2\right] \tag{3.19}$$

式中,$g(x \mid \mu_j, \sigma_j^2)$ 为观测值 x 的密度函数。所有成分的比例、均值与方差是高斯混合模型的参数,因此,高斯混合分布的 $P(x \mid \boldsymbol{\Theta})$ 均值和方差可以通过下列公式计算得到:

$$\mu = \sum_{j=1}^{k} w_j \mu_j \tag{3.20}$$

$$\sigma^2 = \sum_{j=1}^{k} w_j (\mu_j^2 + \sigma_j^2) - \mu^2 \tag{3.21}$$

理论上,高斯混合模型可以逼近任意分布的函数,其具有非常好的数据拟合性能。使用高斯混合模型可以很好地拟合速度和时间占有率样本参数。高斯混合模型参数的估计方法有很多种,其中最为常见的是最大似然估计方法(maximum likelihood,ML),本研究即采用这种方法对高斯混合模型的参数进行估计。

3.4.3　临界状态参数确定

通过最大似然估计就可以得到交通流参数的高斯混合模型。以速度参数为例，假设交通状态划分为畅通和拥堵两类，则通过高斯混合模型参数估计得到的畅通状态与拥堵状态的速度概率密度函数如图 3.7 所示。其中，左侧虚线为拥堵状态的概率密度函数，右侧实线为畅通状态的概率密度函数。由临界交通状态参数的定义可知，对于拥堵状态下的速度概率密度函数而言，临界速度右侧概率取值越小越好；而对于畅通状态下的速度概率密度函数而言，临界速度左侧概率取值越小越好。

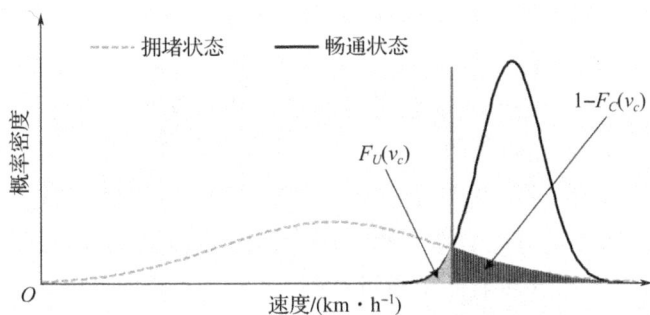

图 3.7　临界交通状态参数计算

基于上述定义，最佳临界速度的估计值就是使图 3.7 中两块累计概率面积最小的取值，其计算公式如下：

$$\min \left[1 - F_C(v_c) + F_U(v_c)\right]$$
$$\text{s.t.} \quad v_c \in [0, v_f] \tag{3.22}$$

式中，$F_U(\cdot)$ 和 $F_C(\cdot)$ 分别为畅通状态和拥堵状态下速度参数的正态分布累计概率密度函数，v_c 为估计的从畅通状态到拥堵状态转变的临界速度值。

为了求式（3.22）的最小值，需要对其进行求导，如下：

$$\frac{\mathrm{d}\left[1 - F_C(v_c) + F_U(v_c)\right]}{\mathrm{d}v_c} = 0 \tag{3.23}$$

求导结果为临界速度的一元二次方程：

$$a v_c^2 + b v_c + c = 0 \tag{3.24}$$

式中，$a = \sigma_1^2 - \sigma_2^2$，$b = -2(\mu_2 \sigma_1^2 - \mu_1 \sigma_2^2)$，$c = \sigma_1^2 \mu_2^2 - \sigma_2^2 \mu_1^2 - 2\sigma_1^2 \sigma_2^2 \ln(\sigma_1/\sigma_2)$；$\mu_1$ 和 σ_1 为畅通状态下速度参数的均值和标准差；μ_2 和 σ_2 为拥堵状态下速度参数的均值和标

准差。临界交通状态速度的估计值 v_c 可以通过简单地求一元二次方程的解得到:

$$v_c = \frac{-b - \sqrt{b^2 - 4ac}}{2a}$$

(3.25)

因此,临界速度参数的估计流程如下:①采集所有交通状态下固定采样间隔的速度数据;②通过最大似然估计方法估计得到速度参数的高斯混合分布模型;③采用公式(3.25)计算得到临界速度值。

3.4.4 结果分析

为了验证上述模型的有效性,本节分析了从杭州市六个路段获取的混合自行车交通流的数据,得到了混合自行车交通流的临界参数。混合自行车交通流数据采样间隔为 30 秒,利用前述模型估计得到混合自行车交通流的临界速度和密度,如图 3.8 所示。

图 3.8 给出了六个路段速度和密度的估计结果及速度-密度关系图。从中可以看出,临界速度和密度将速度-密度关系图划分为四部分。左上角区域为畅通状态下的数据,混合自行车基本处于自由流状态,临界速度和密度交点位置是交通流量达到通行能力的时刻。右下角区域为拥堵状态区域,此时混合自行车处于紧密骑行状态,交通流量逐渐低于通行能力。

为了定量分析模型估计结果,表 3.7 给出了六个路段模型估计的临界速度和临界密度。从表中可以看出,六个路段的估计临界速度值都比较接近,与实际道路交通条件一致,具有很好的鲁棒性。受普通自行车和电动自行车混合比例、不同骑行人特点、是否载物、非机动车道宽度等因素的影响,混合自行车交通流的估计临界密度存在一定的差异。

表 3.7　临界交通状态速度和密度估计结果

序号	估计临界速度/(km·h^{-1})	估计临界密度/(辆·km^{-1}·m^{-1})
1	15.4	103.2
2	14.3	94.5
3	16.2	57.3
4	16.4	94.3
5	16.9	91.2
6	18.2	83.4

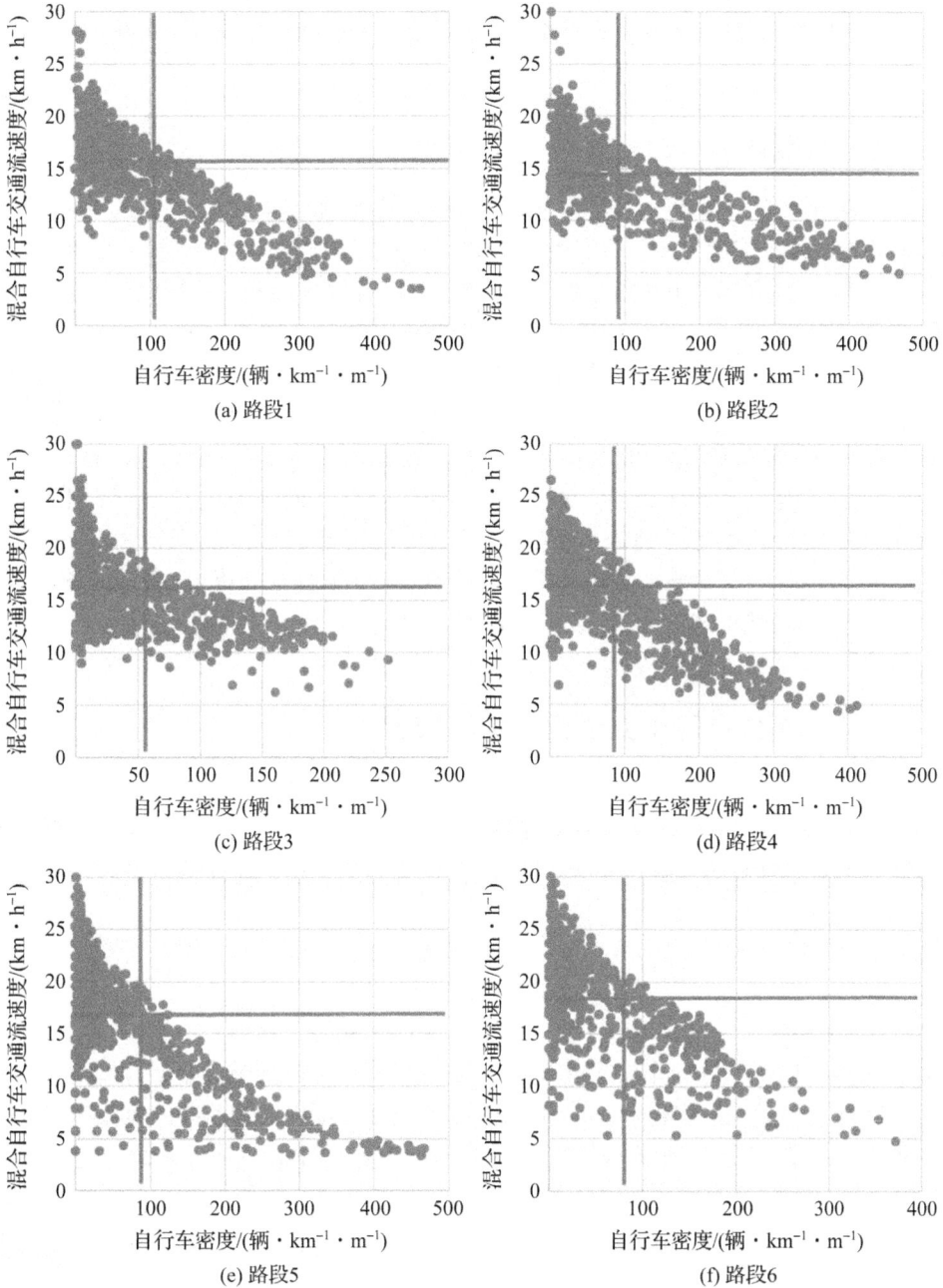

图 3.8　六个地点混合自行车交通流临界速度和密度估计结果

3.5 基于 Logistic 模型的混合自行车交通流基本图

3.5.1 概述

基本图是交通流密度-流量关系曲线，在交通流理论中占有重要的地位，是交通状态识别、通行能力估计、服务水平评价的重要基础。基本图对于机动车交通流和自行车交通流都具有重要的作用。格林希尔兹（Greenshields）最早提出了线性的速度-密度关系曲线，它是最早的基本图描述模型。在此后的 80 余年里，国内外相关学者提出了一系列相关的基本图模型，其中重要的模型有 Greenberg（格林伯格）模型、Underwood（安德伍德）模型、Newell（纽威尔）模型和 Pipes（派普斯）模型等。然而，大部分的交通流基本图模型都是针对机动车交通流建立的，针对非机动车特别是混合自行车条件下的交通流相对较少。近年来，自行车特别是电动自行车已经成为我国南方地区重要的出行工具。因此，针对混合自行车交通流理论的研究就显得尤为重要，它是支撑混合交通流通行能力分析、服务水平确定，进而对非机动车道进行规划设计的重要基础。因此，本部分主要研究混合自行车交通流基本图建模的思路与方法。

3.5.2 混合自行车交通流基本图模型

Logistic（逻辑斯谛）曲线是一种广泛应用于种群生态学领域的模型，有多种方程形式。本研究提出了一种交通流速度-密度关系的 Logistic 模型，在对比了三参数、四参数和五参数的 Logistic 模型的拟合效果后，使用五参数模型进行混合自行车交通流的建模。具体公式如下：

$$v(k) = v_b + \frac{v_f - v_b}{\{1 + \exp[(k - k_t)/\theta_1]\}^{\theta_2}} \tag{3.26}$$

式中，v 为混合自行车交通流速度；k 为混合自行车交通流密度；v_f 为混合自行车自由流速度；v_b 为混合自行车交通流拥堵时的速度；k_t 为自行车交通流由畅通转向拥堵时的临界密度；θ_1 为确定 Logistic 曲线斜率的参数；θ_2 为确定曲线对称性的参数。

考虑交通流参数的流量-速度-密度的基本参数关系：

$$q = kv \tag{3.27}$$

混合自行车交通流密度-流量关系模型如下：

$$q = k\left(v_b + \frac{v_f - v_b}{\{1 + \exp[(k - k_t)/\theta_1]\}^{\theta_2}}\right) \tag{3.28}$$

式中，q 为混合自行车交通流流量。

同时,考虑到电动自行车对混合运行自行车的影响,混合自行车交通流流量需要使用电动自行车的换算系数进行换算调整。混合自行车当量流量的具体计算公式如下:

$$q = q_b + \beta q_{eb} \tag{3.29}$$

式中,q_b 为普通自行车流量;q_{eb} 为电动自行车流量;β 为电动自行车相对于普通自行车的换算系数,这里取 0.66。

上述模型能够更好地适应自行车的运行特性。基于上述模型,采用实测数据建立混合自行车运行下的交通流基本图。

3.5.3　模型参数标定

由于模型是非线性的,传统的最小平方根误差的方法无法直接用来进行模型参数的拟合和估计。因此,本书采用非线性最小平方根拟合方法来对模型参数进行标定。对于函数 $q = f(k)$,给定函数结构 $f(\cdot)$ 和观测向量 q,则最大似然估计 LM(Levenberg-Marquardt,列文-马夸特)方法具体流程如下。

第一步:设置初始值 k_0 和误差控制值 ε,同时计算得到 $\varepsilon_0 = \| q - f(k_0) \|$。

第二步:计算 Jacobi(雅可比)矩阵 J_k,以及 $\overline{N}_i = J_i^{\mathrm{T}} J_i + \lambda_i$,建立增量正规化方程 $\overline{N}_i \delta_i = J_i^{\mathrm{T}} \varepsilon_i$。

第三步:求解增量正规化方程得到 δ_i。

① 如果 $\| q - f(k_i + \delta_i) \| < \varepsilon_i$,则令 $k_{i+1} = k_i + \delta_i$。当 $\| \delta_i \| < \varepsilon$ 时,停止迭代,输出;否则令 $\lambda_{i+1} = \lambda_i / \nu$,回到第二步;

② 如果 $\| q - f(k_i + \delta_i) \| \geqslant \varepsilon_i$,则令 $\lambda_{i+1} = \nu\lambda_i$,再次求解函数得到 δ_i,然后回到第一步。

式中,$\overline{N}_i$ 为海森(Hessian)矩阵;I 为对角矩阵;λ_i 为拉格朗日乘子;δ_i 增量正规化方程的解;ν 为参数。$i = 0, 1, 2, \cdots$。使用上述三步方法,就可以完成参数标定,获得使得函数误差最小的模型参数集合。

3.5.4　结果分析

本节采用在杭州市采集的三个路段原始混合自行车交通流调查数据进行交通流基本图的建模与模型参数标定。调查路段为非机动车单向道路,远离交叉口,且不受行人、停车等因素的干扰。通过视频调查方式获取了路段混合自行车交通流的流量、速度、密度等交通流参数。

表 3.8 给出了三个调查路段车道宽度、电动自行车比例及男性骑行人比例的

相关数据。下面将利用这三个路段的交通流数据进行混合自行车交通流基本图的拟合和通行能力估计。

表 3.8　调查路段原始数据描述表

序号	车道宽度/m	电动自行车比例	男性骑行人比例
1	2.4	65.5%	62.7%
2	3.0	57.9%	67.3%
3	3.5	59.8%	66.3%
总计	—	61.0%	65.5%

为了进一步分析 Logistic 模型的优点,本书将该模型与 Greenshields 模型、Greenberg 模型和 Underwood 模型分别进行对比分析,上述三个模型的公式如下:

$$q = kv_f(1 - k/k_j) \tag{3.30}$$

$$q = kv_m\ln(k_j/k) \tag{3.31}$$

$$q = kv_f\exp(-k/k_m) \tag{3.32}$$

式中,k_j 为阻塞密度,k_m 为对应通行能力点的最佳密度。

采用最大似然方法标定上述四个模型的参数,并绘制模型与实测数据之间的关系图。图 3.9、3.10 和 3.11 分别是三个路段实际数据绘制的基本图以及四个模型拟合得到的曲线。从中可以看出,对于不同宽度的三个车道来说,Logistic 模型都具有较高的拟合精度。

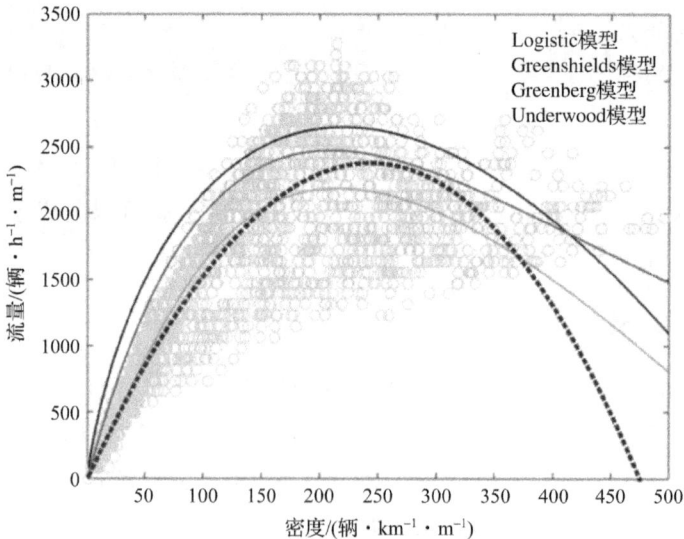

图 3.9　路段 1 混合自行车交通流基本图拟合结果

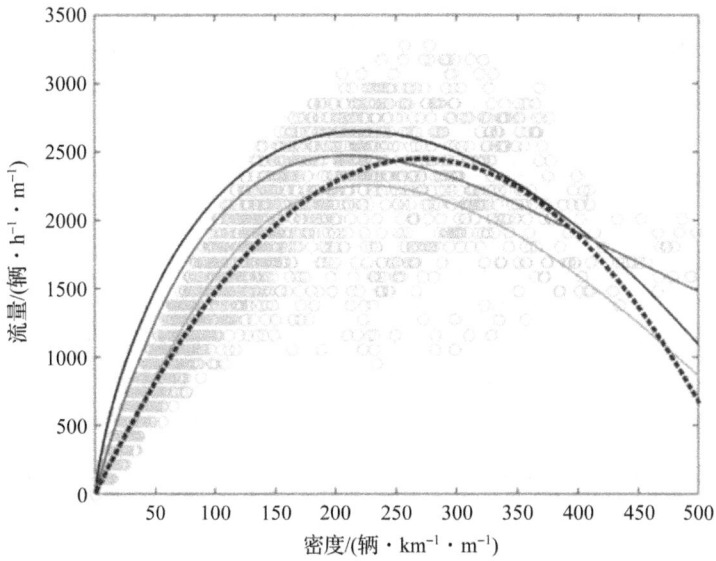

图 3.10　路段 2 混合自行车交通流基本图拟合结果

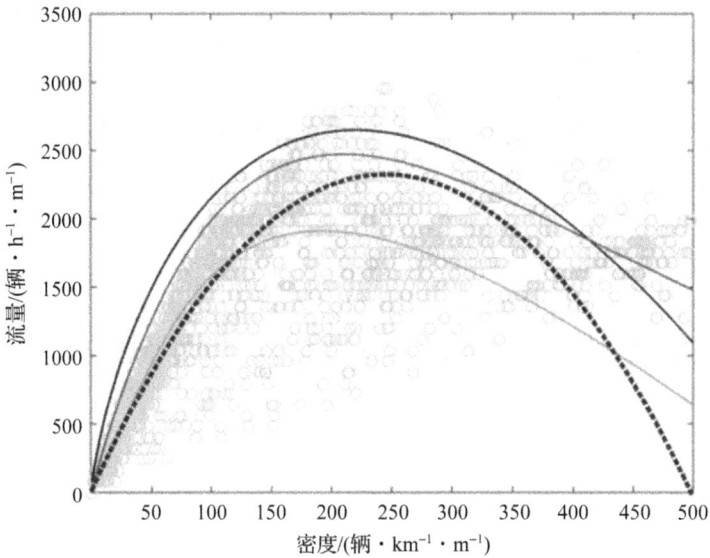

图 3.11　路段 3 混合自行车交通流基本图拟合结果

为了进一步分析模型的拟合精度,表 3.9 给出了不同模型的拟合误差和估计的非机动车道通行能力。从表中可以看出,本书提出的 Logistic 模型的平均拟合相对误差在 15% 左右，相比其他模型具有更高的拟合精度。同时，三个路段估计的通行能力平均值约为 2243 辆·h^{-1}·m^{-1}，更加符合实际情况。

表 3.9 模型拟合误差与估计通行能力对比

	模型	路段 1	路段 2	路段 3	平均值
	Greenshields 模型	2340	2476	2432	2412
通行能力	Greenberg 模型	2530	2432	2412	2473
/(辆·h^{-1}·m^{-1})	Underwood 模型	2432	2392	2342	2402
	Logistic 模型	2312	2322	2203	2243
	Greenshields 模型	19.41%	17.62%	18.34%	18.33%
拟合误差	Greenberg 模型	34.12%	31.32%	28.23%	30.21%
	Underwood 模型	19.32%	17.23%	19.12%	18.54%
	Logistic 模型	15.32%	14.43%	16.12%	15.12%

3.6 本章小结

速度分布模型是进行通行能力分析、服务水平确定及行程时间估计的重要前提与基础。对于混合自行车交通流而言，由于受到交通状态、车辆类型及骑行人特性等诸多因素的影响，其速度分布特性相比于机动车交通流更加复杂。基于此，本章首先分析了速度的基本统计特性并采用四种单一分布拟合了速度样本。然后，通过对多种影响因素的归类，构建了基于高斯混合模型的速度分布函数，并采用 EM 算法对模型参数进行了最大似然估计。通过 KS 拟合优度检验确定了GMM 分布的最佳亚类数目。通过对 GMM 的应用，进一步分析了不同限速阈值下自行车的超速特性，为不同类型自行车的限速管理提供了依据。此外，还对混合自行车交通流的临界参数与基本图模型进行了分析。

第4章 混合自行车交通流通行能力模型

非机动车道通行能力是进行非机动车道规划、设计与管理的关键参数。随着电动自行车在我国的快速发展,电动自行车与普通自行车共用非机动车道的状况极为普遍,两类不同运行特性的异质交通流相互作用将会对非机动车道的运行效率和安全性产生很大的影响。本章将从运行效率的角度出发,分析混合自行车运行对非机动车道通行能力的影响,构建混合自行车运行条件下的道路通行能力模型,为提升非机动车道运行效率、优化交通管控措施提供依据。

4.1 通行能力估计方法

由于通行能力是道路交通规划、设计与管理需考虑的重要参数之一,因此对通行能力估计方法的研究就显得尤为重要。目前,关于通行能力的估计方法主要是面向机动车道的,研究者们建立了包括基本路段、交织区、环形交叉口、无信号交叉口等在内的较为完整的机动车道通行能力估计方法体系。而混合自行车交通流的运行特性与机动车交通流存在较大差异,因此很难将机动车道通行能力的估计方法直接应用于非机动车道。

机动车道的通行能力估计方法主要有两种:①通过对机动车跟驰状态下的车头时距数据进行统计,得到饱和状态下的车头时距估计值,车头时距的倒数即是道路通行能力;②建立机动车的流量-密度基本图,根据交通流理论中基本图的概念,流量-密度曲线的顶点即是达到通行能力的点。由于自行车或电动自行车不存在明显的跟驰行为特性,因此无法采用第一种方法进行非机动车道的通行能力估计。

本书借鉴机动车交通流流量-密度关系模型,并将其引入混合自行车交通流微观行为建模中,通过建立混合自行车交通流流量-密度关系模型估计得到混合自行车运行条件下非机动车道的通行能力。

4.1.1 自行车交通流速度-密度关系模型

交通流基本图是表征交通流三参数（流量、速度、密度）之间相关关系的基础模型。早在1935年，格林希尔兹（Greenshields）就通过分析实测机动车交通流数据，提出了第一个速度-密度关系模型。通过对速度-密度关系的建模，交通流中速度-流量关系模型、流量-密度关系模型也可相应确定。因此，在机动车交通流中，主要研究机动车的速度-密度关系模型。梁春岩（2004）通过实测数据验证了自行车交通流也符合机动车交通流的三参数关系模型。

因此，本章采用经典的8种交通流速度-密度关系模型进行混合自行车交通流的建模，其中包括 Greenshields 模型、Greenberg 模型、Underwood 模型、Newell 模型，以及 Pipes-Munjal 模型等。

表 4.1 通行能力计算采用的单段速度-密度关系模型汇总

模型名称	简称	函数	参数
Greenshields(1935)	GS	$v = v_f(1 - k/k_j)$	v_f, k_j
Greenberg(1959)	GB	$v = v_m \ln k_j/k$	v_m, k_j
Underwood(1961)	UW	$v = v_f \exp(-k/k_m)$	v_f, k_m
Newell(1961)	NL	$v = v_f \left\{ 1 - \exp\left[-\dfrac{\lambda}{v_f}\left(\dfrac{1}{k} - \dfrac{1}{k_j} \right) \right] \right\}$	v_f, k_j
Northwestern (Drake et al.,1967)	NW	$v = v_f \exp\left[-\dfrac{1}{2}(k/k_m)^2 \right]$	v_f, k_m
Pipes-Munjal(Pipes，1967)	PM	$v = v_f\left[1 - (k/k_j)^n \right]$	v_f, k_j, n
Mac Nicholas(2008)	MN	$v = v_f\left(\dfrac{k_j{}^n - k^n}{k_j{}^n + mk^n} \right)$	v_f, k_j, n, m
Logistic(Wang et al.,2011)	LG	$v = v_b + \dfrac{v_f - v_b}{\left\{ 1 + \exp\left[(k - k_m)/\theta_1 \right] \right\}^{\theta_2}}$	v_f, v_b, k_m, θ_1, θ_2

式中，v 为混合自行车交通流的平均速度；k 为混合自行车交通流的密度；v_f 为自由流速度；k_j 为阻塞密度；v_m 为对应通行能力点的最佳速度；k_m 为对应通行能力点的最佳密度；λ，m，n 为待标定参数；V_b 为混合自行车拥堵时的速度；θ_1 为确定 Logistic 曲线斜率的参数；θ_2 为确定曲线对称性的参数。

4.1.2　通行能力估计原理

根据交通流理论,交通流流量-密度关系模型呈现近似图 4.1 所示的形状。在临界密度的左侧,交通流处于畅通状态,随着交通流密度的增加,流量也随之增加。在临界密度的右侧,交通流处于拥堵状态。这时,随着密度的增加,流量会逐渐减少,直至处于完全阻塞状态。畅通和拥堵状态的分界点所对应的流量就是该道路的最大流量,也即道路通行能力。

交通流的基本公式为:

$$v = q/k \tag{4.1}$$

式中,q 为混合自行车交通流的流量。

将式(4.1)代入表 4.1 中,就可以得到混合自行车交通流的流量-密度关系模型,即 $q = f(k)$。将其对密度 k 求导,倒数为零的点即是临界密度点,进而可得临界密度计算公式如下:

$$C_b = f\left[\frac{\mathrm{d}f(k)}{\mathrm{d}k} = 0\right] \tag{4.2}$$

式中,C_b 为非机动车道通行能力估计值。

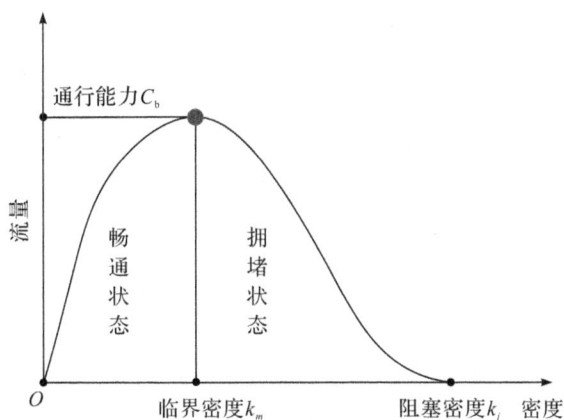

图 4.1　路段通行能力估计原理

4.2 估计结果分析

4.2.1 拟合结果

用于非机动车道通行能力估计的数据来自第 2 章中 11 个调查路段的全部数据。由于速度-密度关系模型都是非线性函数，因而一般的优化算法很难得到最优解。因此，本书基于列文伯格-马夸特（Levenberg-Marquardt，LM）算法进行速度-密度关系模型的参数估计。LM 算法是介于牛顿法与梯度下降法之间的一种非线性优化方法，可利用梯度求最大（小）值，对过参数化问题不敏感，能有效处理冗余参数问题，使代价函数陷入局部极小值的机会大大减小。基于 LM 算法，使用 Matlab 软件进行模型曲线拟合与参数估计。交通流参数的采样间隔为 20 秒，调查过程中需确保存在饱和状态下的混合自行车交通流。

4.2.2 结果分析

表 4.2 给出了 11 个路段 8 种模型的自由流速度估计值、估计通行能力与拟合误差。从中可以看出，非机动车道的自由流速度基本维持在 20 km·h^{-1}左右，阻塞密度为 550～600 辆/km。从拟合相对误差来看，除了 Greenberg 模型拟合误差较大之外，其他模型的拟合相对误差基本在 20% 以内，拟合精度相对稳定。从通行能力范围来看，不同模型的通行能力估计结果为 2100～2500 辆·h^{-1}·m^{-1}，存在较大的差异性，这表明在进行通行能力估计时，选择合适的模型对结果具有重要的影响。

从表 4.2 中还可以看出，估计通行能力在不同的路段和模型中都呈现不同的结果，当电动自行车比例平均值为 70% 时，估计平均通行能力值为 2348 辆·h^{-1}·m^{-1}。实际估计得到的通行能力远大于美国《道路通行能力手册》和中国标准推荐的数值。导致这一现象的主要因素可能包括：①中国骑行人大多是通勤出行，在高峰期具有更强的紧迫性；②电动自行车具有较高的速度和比例，通行能力增加；③青年骑行人比例较高，骑行技术较好，通行能力较强。

表 4.2 不同模型对自行车道通行能力、自由流速度估计结果与拟合误差

	模型	JG-A	JG-B	HD	HS	WS	XY	WE	DX	TMS-A	TMS-B	MGS	均值	标准差
							路段						汇总	
自由流速度估计值 /(km·h⁻¹)	GS	18.0	18.0	17.1	18.5	19.6	19.8	22.5	20.6	19.3	21.5	22.7	19.8	1.9
	GB	—	—	—	—	—	—	—	—	—	—	—	—	—
	UW	18.3	18.5	17.2	18.7	19.9	19.8	22.9	20.7	19.3	21.7	23.0	20.0	1.9
	NL	17.0	17.2	16.6	17.9	19.2	19.4	21.6	20.0	19.0	20.9	21.4	19.1	1.8
	NW	17.1	17.3	16.6	18.0	19.2	19.5	21.6	20.1	19.0	20.9	21.6	19.2	1.8
	PM	18.0	20.7	17.3	18.3	19.7	19.5	26.0	20.4	19.1	21.4	23.4	20.3	2.5
	MN	17.9	20.7	17.3	18.1	19.4	19.5	26.0	20.2	19.0	21.3	23.4	20.3	2.6
	LG	17.9	19.6	17.3	18.0	19.4	19.5	23.3	20.1	19.0	21.2	23.0	19.8	2.0
	总计	17.7	18.9	17.1	18.2	19.5	19.6	23.4	20.3	19.1	21.3	22.6	19.8	2.1
拟合误差	GS	17.0%	21.6%	19.8%	19.0%	26.5%	16.1%	18.1%	24.4%	20.0%	16.0%	10.8%	19.0%	4.3%
	GB	25.6%	25.5%	28.9%	27.5%	33.6%	27.8%	23.4%	34.6%	28.6%	27.4%	16.6%	27.2%	4.8%
	UW	17.8%	21.1%	19.8%	19.8%	25.7%	16.2%	18.1%	24.9%	20.1%	16.1%	10.8%	19.1%	4.1%
	NL	17.2%	22.9%	20.2%	18.6%	25.3%	15.9%	18.5%	24.2%	19.8%	16.5%	11.1%	19.1%	4.1%
	NW	17.2%	22.2%	20.0%	18.9%	26.4%	15.9%	18.4%	24.4%	19.8%	16.4%	10.9%	19.1%	4.2%
	PM	17.0%	23.1%	19.9%	19.1%	26.2%	15.9%	18.6%	24.4%	19.9%	16.1%	10.8%	19.2%	4.3%
	MN	17.0%	23.1%	19.9%	18.6%	25.2%	15.9%	18.6%	24.2%	19.8%	16.0%	10.8%	19.0%	4.2%
	LG	17.6%	22.0%	19.7%	18.6%	24.6%	15.9%	18.3%	24.4%	19.8%	15.9%	10.8%	18.9%	4.0%
	总计	18.3%	22.7%	21.0%	20.0%	26.7%	17.5%	19.0%	25.7%	21.0%	17.6%	11.6%	20.1%	4.3%
估计通行能力 /(辆·h⁻¹·m⁻¹)	GS	2445	2707	2364	2379	2358	2977	1786	2585	2527	2332	2827	2481	312
	GB	2422	2268	1969	2163	2145	2230	2577	2295	2096	2478	2268	2265	176
	UW	2678	2602	2842	2631	2241	2373	1889	2994	2369	2841	2426	2535	316
	NL	2251	2606	2091	2190	1914	2161	1606	2317	1924	1951	2423	2130	276
	NW	2369	2796	2146	2290	2119	2241	1714	2407	1935	2075	2532	2239	294
	PM	2444	1979	2364	2382	2322	2266	2067	2546	1999	2261	3023	2332	292
	MN	2429	1979	2364	2260	2028	2234	2067	2446	2021	2292	3023	2286	296
	LG	2638	2947	2821	2261	2041	2777	2543	2595	2322	2556	2208	2519	282
	总计	2459	2486	2370	2320	2146	2407	2031	2523	2149	2348	2591	2348	281

4.3　通行能力影响因素分析

　　混合自行车交通流的通行能力会受到多种因素的影响,本节将从数据采样间隔、非机动车道宽度、自行车类型、骑行人特性(性别和年龄等因素)等方面讨论通行能力的影响因素。

4.3.1　数据采样间隔

　　数据采样间隔会对数据的波动性和最终的估计结果产生影响。美国《道路通行能力手册》建议采用 15 分钟流量作为非机动车道规划和设计的基础。但是,如果采用 15 分钟数据进行通行能力的估计会导致通行能力的估计结果严重偏小。这是因为混合自行车交通流很难在 15 分钟内都保持接近通行能力的流量;同时,在 15 分钟内电动自行车的比例也会呈现较大的波动,导致难以进一步深入分析电动自行车比例对通行能力的影响。

　　图 4.3 分别给出了教工路和湖墅路不同采样间隔(8～30 秒)与估计通行能力之间的关系图。从中可以看出,随着采样间隔的增加,估计通行能力呈现出较为明显的线性下降趋势,所有模型的线性相关性系数都大于 0.9,说明模型具有非常好的线性相关性。因此,选择一个合适的数据采样间隔对于准确估计通行能力而言至关重要。

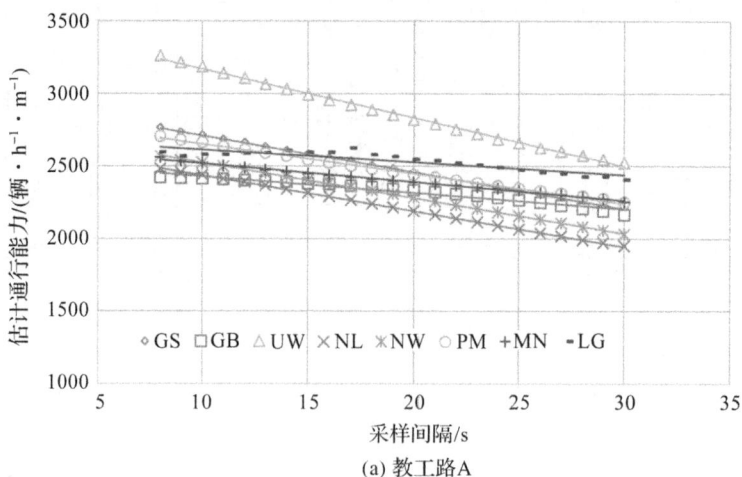

(a) 教工路A

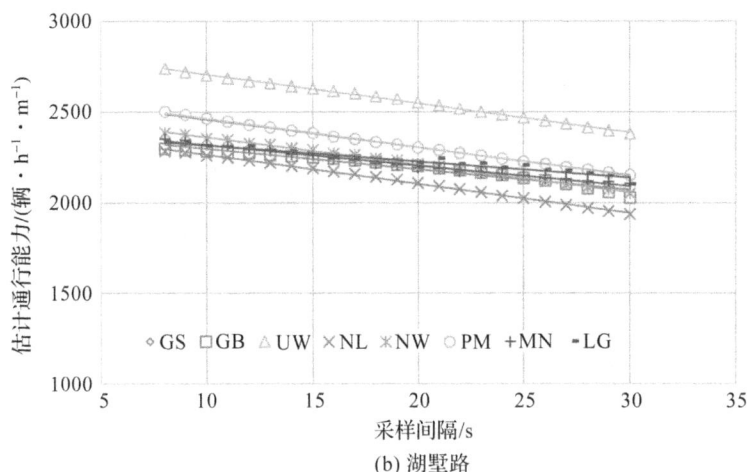

图 4.3　估计通行能力和采样间隔的关系

通过对视频采集数据的观测以及拟合曲线的分析,混合自行车交通流在数据采样间隔超过 20 秒时,基本上很难呈现饱和通行的趋势。因此,我们采用 15 秒作为通行能力分析和建模的数据采样间隔。

4.3.2　车道宽度

由于混合自行车交通流的通行能力是与车道宽度密切相关的,因此需要进一步分析不同车道宽度下,单位宽度通行能力是否存在显著的差异。本书采集的非机动车道宽度在 2.27～4.60m,基本涵盖了我国典型的非机动车道宽度。图 4.4 给出了非机动车道总通行能力和车道宽度之间的关系拟合曲线,我们分别采用八种模型计算得到了通行能力值。从结果可以看出,随着车道宽度的增加,总通行能力呈现明显的线性增长趋势。回归模型的相关系数也基本高于 0.7,说明模型具有很强的线性相关性。

为了进一步分析比较不同路段通行能力的差异性,我们将非机动车道的总通行能力转化为单位宽度通行能力。表 4.3 给出了单位宽度下不同模型得到的通行能力均值和标准差,以及车道宽度与单位宽度通行能力的回归模型、相关系数及 P 值。从中可以看出,相关系数和 P 值结果都表明非机动车道的宽度与单位宽度通行能力不存在统计学意义上的相关性。因此,可以认为所统计的 11 个路段的单位宽度通行能力都是独立于非机动车道宽度的,这也进一步证明了采用单位宽度通行能力进行混合自行车交通流通行能力的比较与分析是合适的。

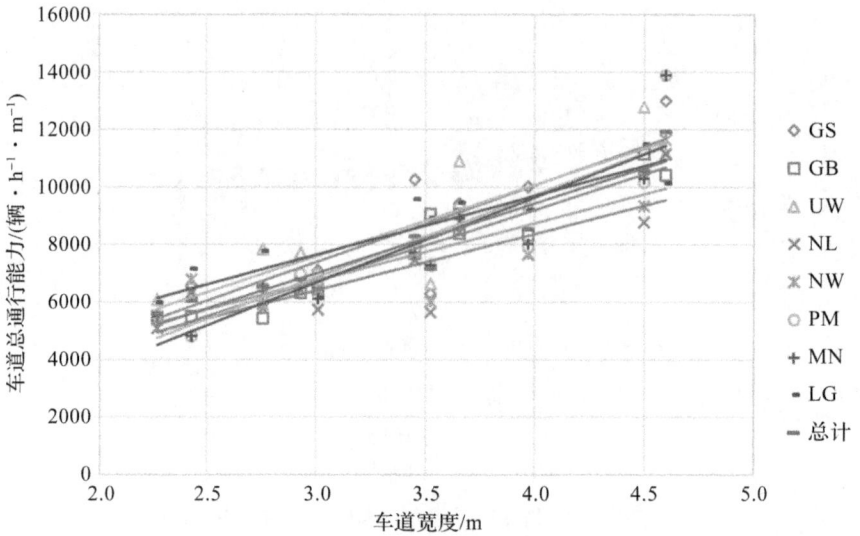

图 4.4　估计通行能力与非机动车道宽度的关系

表 4.3　车道宽度与单位宽度通行能力的关系

模型	均值/ （辆·h⁻¹·m⁻¹）	标准差/ （辆·h⁻¹·m⁻¹）	线性回归模型	R^2	P 值
GS	2481	312	$C_b = 39.256w + 2348.2$	0.0096	0.7752
GB	2265	176	$C_b = 47.732w + 2103.7$	0.0445	0.5343
UW	2535	316	$C_b = -35.262w + 2654$	0.0075	0.8001
NL	2130	276	$C_b = -81.754w + 2406$	0.0529	0.4959
NW	2239	294	$C_b = -103.93w + 2589.1$	0.0757	0.4129
PM	2332	292	$C_b = 125.05w + 1910.5$	0.1106	0.3180
MN	2286	296	$C_b = 157.22w + 1755.7$	0.1703	0.2075
LG	2519	282	$C_b = -139.85w + 2990.6$	0.1490	0.2411
总计	2348	175	$C_b = -1.06w + 2344.7$	0.0040	0.9907

注：表中 C_b 为单位宽度通行能力，w 为车道宽度。

4.3.3　性别影响因素

为了验证骑行人性别因素对通行能力的影响，可以将所有数据按照骑行人性别进行划分。由于调查数据中男性骑行人比例为 65%，因此可以按照这个值作为分界点，将所有采集到的速度-密度散点数据划分为两部分，一部分数据为男性骑行人比例小于 65% 的样本散点，另一部分数据为男性骑行人比例大于 65% 的样本散点。分别对两组样本采用 LM 算法进行非线性参数估计,得到模型参数与通行能力估计值。

如图 4.5 所示,图中的通行能力估计值为五种速度-密度关系模型模拟得到的通行能力估计值的平均值。从中可以看出,在不同男性骑行人比例下,三个路段的通行能力估计值都不存在显著性差异。男性骑行人比例的大小并没有影响估计通行能力的大小。

虽然相关的研究表明男性骑行人的速度大于女性骑行人,但是骑行人性别却没有对非机动车道通行能力产生显著影响(Jin et al.,2008)。造成这一现象的主要原因是研究中通行能力一般接近饱和状态,在这种状态下交通流较为密集,所有车辆的速度都趋于一致,男性与女性骑行人的速度差异并不明显。同时,由于电动自行车比例较高,电动自行车的动力特性较强,男性与女性在驾驶电动自行车时并不存在较大的体力差异,因而二者速度也较为接近。

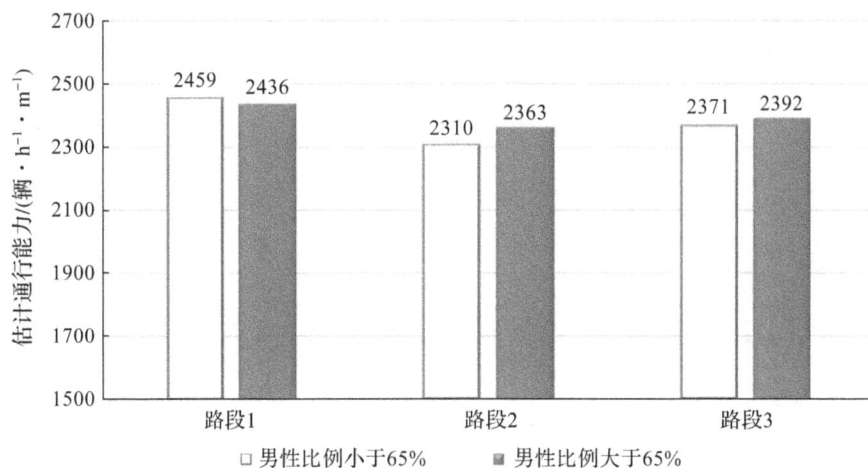

图 4.5 不同男性骑行人比例下的估计通行能力

4.3.4 年龄影响因素

与性别影响因素类似,本部分主要分析骑行人的年龄构成对通行能力的影响。根据实际数据中年龄分组(青年、中年或老年)的情况,将所有采集到的速度-密度散点划分为三部分,第一部分为青年骑行人比例大于 70% 的样本散点;第二部分为中年骑行人比例大于 70% 的样本散点;第三部分为老年骑行人比例大于

70％的样本散点。分别对三组样本采用 LM 算法进行非线性参数估计得到模型参数与对应的通行能力估计值。

从表 4.4 中可以看出，所有对比样本 T 检验结果的 P 值都大于 0.05，即接受原假设，认为不同年龄骑行者的比例并不会对通行能力造成显著影响。这主要有以下两方面的原因。第一，由于调查路段的出行需求主要是以通勤出行为主，因此在骑行人中，青年与中年骑行人占主要部分（95％左右）。而青年与中年骑行人在人工调查中的区分度并不明显，同时他们的驾驶技能、反应能力等都相对成熟。第二，驾驶电动自行车对操控能力要求不高，年龄因素并不会在很大程度上影响骑行人对电动自行车的操控能力，因而年龄因素对交通流特性的影响较小。因此，在电动自行车为主导的交通流环境中，年龄因素并不会对非机动车道通行能力产生显著影响。

表 4.4　不同年龄比例骑行人情况下的通行能力 t 检验结果

路段		青年 vs. 其他		中年 vs. 其他		老年 vs. 其他	
路段 1	均值	2522	2426	2432	2366	2482	2412
	标准差	145	231	178	134	198	245
	P	0.453		0.943		0.367	
	H	0		0		0	
路段 2	均值	2318	2153	2213	2321	2278	2198
	标准差	213	198	254	143	176	190
	P	0.560		0.723		0.332	
	H	0		0		0	
路段 3	均值	2325	2499	2387	2345	2354	2301
	标准差	213	267	176	190	211	167
	P	0.421		0.856		0.287	
	H	0		0		0	

注：通行能力单位为辆·h^{-1}·m^{-1}。

4.3.5　车辆类型影响因素

由于电动自行车和普通自行车在非机动车道上混合运行，电动自行车的尺寸与运行速度相较普通自行车都偏大。因此，不同电动自行车比例会对混合自行车交通流运行及车道通行能力产生一定的影响。

为了验证不同电动自行车与普通自行车混合比例下的非机动车道通行能力，

本节将三个路段中 20 秒采样间隔的速度-密度散点数据按照其中的电动自行车比例分为 8 组,其中电动自行车比例区间分别为:(20%,30%],(30%,40%],(40%,50%],(50%,60%],(60%,70%],(70%,80%],(80%,90%],(90%,100%]。由于整体调查数据中电动自行车比例较高,而电动自行车比例小于 20% 的样本量较少,故本次分析中予以剔除。每组数据的电动车比例为该组数据中所有样本间隔比例的平均值。采用 LM 算法对每组数据进行速度-密度关系曲线的拟合,从而得到不同电动自行车比例下的估计通行能力值。

图 4.6 给出了三个路段不同电动自行车比例与非机动车道估计通行能力的散点图与拟合线性回归模型。从中可以看出,随着非机动车道电动自行车比例的增加,估计得到的车道通行能力也随之线性增加。三条路段的相关系数都较高(路段 1 为 0.95,路段 2 为 0.97,路段 3 为 0.75),模型具有很好的相关性。

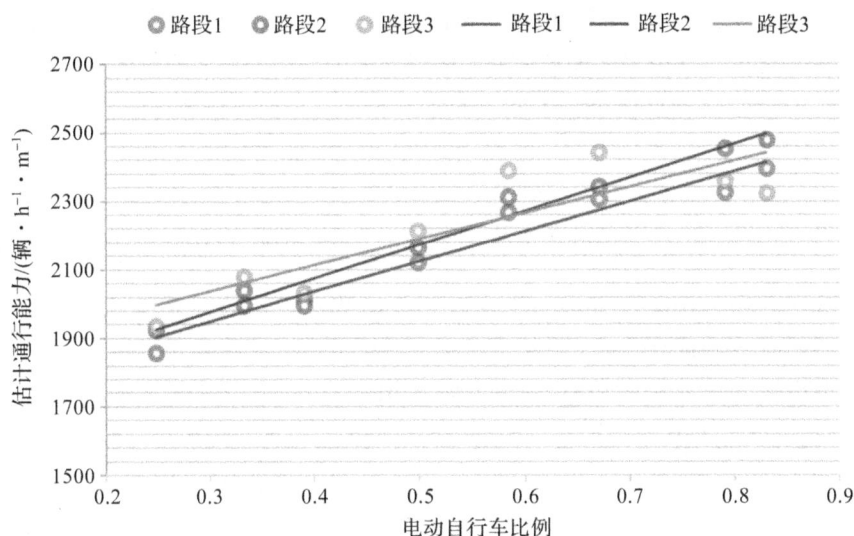

图 4.6　不同电动自行车比例下的估计通行能力

通过拟合线性回归模型可以计算得到,当电动自行车比例为零时,三条路段单位宽度通行能力估计值分别为 1685,1681 和 1808 辆/h;而当电动自行车比例为 1 时,三条路段单位宽度通行能力估计值分别为 2562,2664 和 2572 辆/h,平均通行能力提升了 874 辆/h。

上述结果表明,随着电动自行车比例的增加,单位宽度非机动车道的通行能力也会呈线性增加趋势，非机动车道通行能力与电动自行车比例存在显著相关性。造成这一结果的主要原因是电动自行车采用电力驱动，其运行速度高、运行稳定性强，导致电动自行车交通流的自由流速度显著大于普通自行车交通流的自由流速度。因此，电动自行车交通流存在更大的临界速度与临界密度，从而在交通流基本图中表现出更大的通行能力。

4.4　电动自行车换算系数

4.4.1　理论方法

电动自行车相对于普通自行车的换算系数（BEU）是指在同样的道路和交通条件下，一辆电动自行车相当于多少辆普通自行车。电动自行车换算系数的计算需要考虑电动自行车比例、车道宽度、自行车运行动态特性等诸多因素。根据小汽车换算系数的计算思路，电动自行车换算系数也可以表示如下：

$$p_{BEU} = \frac{\overline{V}_{RB}}{\overline{V}_{EB}} \times \frac{\overline{S}_{EB}}{\overline{S}_{RB}} \tag{4.3}$$

式中，p_{BEU} 为电动自行车相对于普通自行车的换算系数；$\overline{V}_{RB}$ 和 $\overline{V}_{EB}$ 分别为普通自行车和电动自行车的平均速度（$km \cdot h^{-1}$）；$\overline{S}_{RB}$ 和 $\overline{S}_{EB}$ 分别为普通自行车和电动自行车的平均有效空间（m^2）。

这个模型的思路是将电动自行车所占用的道路使用面积转换为普通自行车进而得到其换算系数。然而，这个模型存在很多局限性。首先，不同的道路交通条件下普通自行车和电动自行车的道路占用面积很难精确地测量；不同的研究者采用不同的标准，很难进行统一。其次，相关非机动车的交通流参数很难通过精准的视频检测技术获取。然后，复杂的数据处理过程导致相关研究的样本数量较少，很难满足大规模数据样本的需求。最后，模型的参数标定也难以实现。综上所述，为了克服该模型存在的问题，本书提出了一种新的电动自行车换算系数标定方法，并利用大量真实数据进行了模型参数的标定。

在计算非机动车道通行能力时，一般都假设道路环境是纯普通自行车环境。但是在现实环境中，普通自行车和电动自行车是混合运行的，因此需要通过换算系数将电动自行车转换为普通自行车。这里假设非机动车道的通行能力是固定

的,不同电动自行车比例下的车辆通行能力满足如下公式:

$$Q_{RB} + p_{BEU}Q_{EB} = C_{RB} \tag{4.4}$$

$$Q_{RB} = C_B[1 - p_e] \tag{4.5}$$

$$Q_{EB} = C_B p_e \tag{4.6}$$

式中,Q_{RB} 为普通自行车在饱和情况下的流量(辆·h^{-1}·m^{-1});Q_{EB} 为电动自行车在饱和情况下的流量(辆·h^{-1}·m^{-1});C_{RB} 为非机动车道在纯普通自行车环境下的通行能力,对于某一确定的路段,其为固定值;C_B 为估计的混合自行车交通流的通行能力;p_e 为电动自行车在混合车流中的比例。

在式(4.4)中,参数 p_{BEU} 和 C_{RB} 是两个未知数,需要通过一系列的实测数据 (Q_{RB},Q_{EB})来进行回归标定。而数据(Q_{RB},Q_{EB})可以通过式(4.5)和(4.6)确定。为了更加精准地标定电动自行车换算系数,需要尽量收集较多数量不同组合的 Q_{RB} 和 Q_{EB} 数据,这样才能更加准确地拟合回归模型。这一过程的核心是得到不同电动自行车比例下的混合自行车流量和电动自行车比例的集合 (Q_B,p_e)。本节同样采用第 2 章获得的 11 个路段的混合自行车交通流数据进行参数的标定与验证。

4.4.2　标定验证

通过将原始数据按照电动自行车的比例进行划分,可以得到不同电动自行车比例下的混合自行车交通流的数据集合。本章主要选取交通流量较大、能够基本达到饱和状态的三个路段(湖墅路、天目山路 B 和莫干山路)进行分析。这三个路段的混合自行车的比例变化较大,同时交通流数据也比较完整,非常适合进行换算系数的标定与验证。

为了更加精确地对电动自行车换算系数进行标定,我们将电动自行车的比例划分为 20 个区间,同时计算每个相同区间内的混合自行车交通流的流量。因此就可以根据上述公式计算得到不同电动自行车比例下的混合自行车流量、普通自行车流量和电动自行车流量。

图 4.7 给出了不同电动自行车比例下,达到饱和状态时电动自行车和普通自行车的流量回归结果。同时,我们也分别采用了八类不同的基本图模型进行饱和状态下的通行能力计算,结果都具有较好的线性特性,说明采用这种方法进行换算系数的标定效果较好。

(a) 湖墅路

(b) 天目山路B

(c) 莫干山路

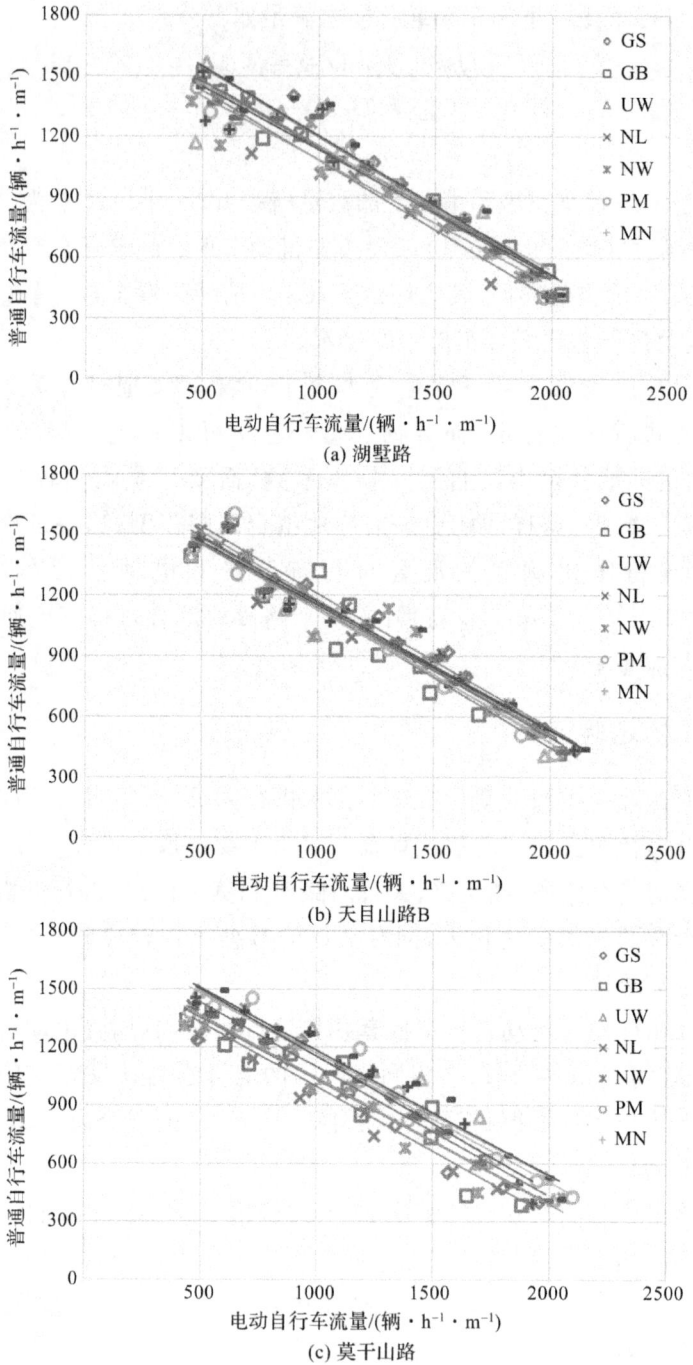

图 4.7 饱和状态下的电动自行车和普通自行车流量回归结果

表 4.5 给出了采用不同基本图模型条件下的线性回归结果、R^2 和 P 值。不同模型的相关系数基本大于 0.9，说明 Q_{RB} 和 Q_{EB} 具有很好的相关性。

表 4.5　换算系数的线性回归结果

模型	线性回归模型	R^2	P 值
GS	$Q_{RB}+0.692Q_{EB}=1885.6$	0.9483	<0.001
GB	$Q_{RB}+0.646Q_{EB}=1799.3$	0.9801	<0.001
UW	$Q_{RB}+0.615Q_{EB}=1765.7$	0.8515	<0.001
NL	$Q_{RB}+0.690Q_{EB}=1773.1$	0.9582	<0.001
NW	$Q_{RB}+0.627Q_{EB}=1711.8$	0.9270	<0.001
PM	$Q_{RB}+0.626Q_{EB}=1759.8$	0.9217	<0.001
MN	$Q_{RB}+0.628Q_{EB}=1761.9$	0.9108	<0.001
LG	$Q_{RB}+0.689Q_{EB}=1893.4$	0.9384	<0.001
总计	$Q_{RB}+0.659Q_{EB}=1802.4$	0.9647	<0.001

为了验证所提出的换算系数模型的有效性，采用下式进行混合非机动车道的通行能力估计：

$$\hat{C}_B = \frac{\hat{C}_{RB}}{1-(1-\hat{p}_{BEU})p_e} \tag{4.7}$$

式中，$\hat{C}_B$ 为预测的混合非机动环境下的道通行能力；$\hat{C}_{RB}$ 为估计的纯普通自行车环境下的通行能力；$\hat{p}_{BEU}$ 为估计的电动自行车换算系数。

利用通过湖墅路实际数据得到的换算系数，对另外两条道路的通行能力进行估计。这里采用非机动车道通行能力估计值与实测值的对比分析，进一步验证换算系数模型的有效性。

本节采用两种评价指标对换算系数的估计模型进行验证，包括均方差误差（root mean square error，RMSE）和平均绝对百分比误差（mean absolute percentage error，MAPE）。其具体计算公式如下：

$$\text{RMSE} = \sqrt{\frac{1}{M}\sum_{j=1}^{M}\left[\hat{C}_B(j)-C_B(j)\right]^2} \tag{4.8}$$

$$\text{MAPE} = \frac{1}{M}\sum_{j=1}^{M}\left|\frac{\hat{C}_B(j)-C_B(j)}{C_B(j)}\right|\times100\% \tag{4.9}$$

式中，$\hat{C}_B(j)$ 为某一电动自行车比例下预测的第 j 采样间隔混合自行车环境下的通行能力值；$C_B(j)$ 为某一电动自行车比例下估计的第 j 采样间隔混合自行车环境下的通行能力值；M 为电动自行车比例的区间数量。

表 4.6 给出了两条验证路段的 RMSE 和 MAPE 结果。两条验证路段的 RMSE 值分别为 63.4 和 78.0 辆·h^{-1}·m^{-1}，MAPE 值分别为 2.1% 和 3.1%。从结果可以看出，换算系数估计模型具有较高的预测精度，可以用来进行换算系数的估计。

表 4.6 换算系数模型的性能指标结果

地点	指标	GS	GB	UW	NL	NW	PM	MN	LG	总计
TMS-B	RMSE	66.7	133.1	115.9	127.3	149.9	100.4	74.9	99.1	63.4
	MAPE	2.4%	5.4%	4.5%	4.6%	5.4%	3.5%	2.7%	3.8%	2.1%
MGS	RMSE	205.3	198.8	111.6	127.7	126.7	89.9	110.7	85.1	78.0
	MAPE	8.7%	8.3%	3.8%	5.5%	4.7%	2.9%	4.0%	3.0%	3.1%

4.4.3 结果分析

在上述模型的基础上，分别计算三条路段的电动自行车换算系数，结果如表 4.7 所示。

表 4.7 电动自行车换算系数结果

	地点	GS	GB	UW	NL	NW	PM	MN	LG	平均值
p_{BEU}	HS	0.692	0.646	0.615	0.690	0.627	0.626	0.628	0.689	0.659
	TMS-B	0.664	0.695	0.647	0.624	0.672	0.673	0.623	0.634	0.661
	MGS	0.645	0.639	0.636	0.665	0.651	0.650	0.692	0.644	0.667
	均值	0.667	0.660	0.633	0.660	0.650	0.650	0.648	0.656	0.662
换算后通行能力（C_{RB}）/（辆·h^{-1}·m^{-1}）	HS	1886	1799	1766	1773	1712	1760	1762	1893	1802
	TMS-B	1871	1835	1774	1764	1849	1817	1775	1800	1820
	MGS	1687	1672	1808	1663	1694	1806	1847	1830	1767
	均值	1814	1769	1783	1733	1752	1794	1795	1841	1797

电动自行车换算系数一般在 0.6~0.7 范围内变化，平均值为 0.66。当全部是普通自行车时，其通行能力大致在 1660~1900 辆·h^{-1}·m^{-1}，平均值为 1800 辆·h^{-1}·m^{-1}。因此，纯电动自行车环境下的车道通行能力为 1800÷0.66=2727 辆·h^{-1}·m^{-1}，大概是纯普通自行车环境下的 1.5 倍。

从结果可以看出，电动自行车比例的增加会明显提升车道的运行效率，随着电动自行车比例的增加，车道通行能力会呈现线性增加的趋势。与先前的相关研究相比，本书得到的电动自行车换算系数更小，这说明混合非机动车道的通行能力更大。造成这一结果的主要原因可能是：①电动自行车的自由流速度比普通自行车大很多（25.5 km·h^{-1} 与 18.7 km·h^{-1}），更大的自由流速度会导致基本图中的通行能力点变大；②数据中摩托型电动自行车的比例相较于轻型电动自行车更高

（53.7％对比 16.4％），这种车型具有更高的速度和稳定性，使得通行能力进一步提升；③先前的研究仅仅考虑个体车辆的运行特性，而忽视了混合自行车交通流的整体运行特性。

4.5　本章小结

非机动车道通行能力值的确定是进行非机动车道设计优化、非机动车交通管理的重要前提与基础。在电动自行车与普通自行车混合运行条件下确定传统非机动车道的通行能力就显得尤为重要。本章将八种机动车速度-密度关系模型引入自行车交通流，采用 LM 算法对模型参数进行估计，通过对混合自行车流量-密度曲线求导，进而估计得到混合自行车交通流的通行能力。在此基础上，通过分析数据采样间隔、车道宽度、骑行人特性，以及电动自行车比例等因素，进一步对混合自行车交通流通行能力的影响因素进行了分析。最后，通过将数据按照不同电动自行车比例进行分组，提出了一种电动自行车换算系数的估计方法，并进行了测试与验证。

第 5 章　混合自行车交通流自由流速度
与冲突风险预测

自由流速度是衡量交通流运行效率的重要参数之一,也是评价交通流运行风险的重要参数之一。针对机动车交通流而言,自由流速度受到道路线型、坡度、曲率、交通流构成和道路宽度等诸多因素的影响。分析这些因素对机动车自由流速度的定量影响,可为机动车冲突风险评估奠定基础。因此,本章主要借鉴了机动车自由流速度的分析方法,构建了混合自行车交通流的自由流速度预测模型,为混合自行车冲突风险预测与因素分析提供了理论依据。

5.1　自行车交通流自由流速度影响因素

5.1.1　研究自由流速度的意义

自由流速度是交通运行效率评估的基础指标,也是影响交通冲突风险严重性的重要指标。近年来,随着电动自行车保有量和使用频率的快速增长,电动自行车超速所造成的交通事故呈现快速增长趋势。机动车自由流速度不仅影响冲突的严重性,也与交通事故的形成息息相关,针对自行车交通流也有类似的结论。因此,对混合自行车交通流的自由流速度进行建模,分析影响混合自行车交通流自由流速度的关键因素,能够为改善混合自行车交通安全、提升运行效率、制定限速等管理措施提供理论依据。

5.1.2　影响因素

在机动车交通流自由流速度建模中，一般重点考虑道路几何特性、交通流特性、交通管控、环境因素、天气因素和驾驶员经验与特性等影响因素。由于自行车交通流与机动车交通流在运行特性、数据获取、影响因素等方面都存在着较大差异，因此，合理地确定混合自行车交通流的关键影响因素，是构建混合自行车交通流自由流速度模型与冲突风险预测的关键。

通过对国内外文献的综述和对自行车交通流运行特性的分析，本章考虑将影响自行车交通流运行速度的因素划分为四类：非机动车道特性（包括车道宽度、路面特性、几何特性等）、交通流特性（包括流量、速度、密度等）、自行车类型（包括是否电动自行车等）和骑行人特性（包括性别、年龄等）。

根据数据获取的难度及交通调查的环境因素，综合考虑各种因素之间的相关性及重要程度，确定本章分析所采用的影响因素。在非机动车道特性方面，因调查获取数据都是在机非隔离路段，且道路条件都较好，故仅考虑非机动车道宽度（cycleway width，CW）这个指标。在交通流特性方面，考虑到密度参数不易获取，仅考虑采用单位宽度车道自行车小时流量（bicycle flow，BF）指标。在自行车类型方面，考虑到中国电动自行车的分类，采用轻型电动自行车比例（PBS）和摩托电动自行车比例（PSS）这两个指标。在骑行人特性方面，根据可以获取的骑行人相关特性参数，主要采用男性骑行人比例（percentage of male cyclists，PMC）、青年骑行人比例（percentage of young cyclists，PYC）、中年骑行人比例（percentage of middle-aged cyclists，PMAC）和骑行人载人载物比例（percentage of loaded cyclists，PLC）这四个指标。

5.1.3　数据描述

通过对第二章获取的各个路段混合自行车交通流运行数据进行统计分析，可以得到各类影响因素的基本统计结果（见表 5.1）。从表中可以看出，平均自行车流量约为 590 辆·h^{-1}·m^{-1}，轻型电动自行车、摩托电动自行车、男性骑行人、青年骑行人、中年骑行人、载人载物骑行人的比例分别为 16.78%，53.11%，65.64%，64.14%，28.10% 和 11.19%。由于每个影响因素都具有较大的变化范围，故它们可被应用于构建自由流速度与影响因素关系的模型。

表 5.1　混合自行车交通流自由流速度影响因素的基本参数统计分析

影响因素	指标	最大值	最小值	均值	标准差
非机动车道特性	车道宽度(CW)/m	4.60	2.27	3.46	0.74
交通流特性	流量(BF)/(辆·h^{-1}·m^{-1})	1364	72	590	302
自行车类型	轻型电动自行车比例(PBS)	42.31%	3.75%	16.78%	5.79%
	摩托电动自行车比例(PSS)	79.59%	29.61%	53.11%	10.56%
	男性骑行人比例(PMC)	92.75%	43.54%	65.64%	8.48%
骑行人特性	青年骑行人比例(PYC)	92.02%	22.50%	64.14%	14.13%
	中年骑行人比例(PMAC)	62.38%	4.80%	28.10%	11.82%
	载物比例(PLC)	30.00%	1.32%	11.19%	5.67%

5.1.4　自由流速度的获取

　　自由流速度是指自行车交通流在低流量和密度条件下运行时的平均速度。它是进行非机动车道通行能力估计、服务水平确定和限速设置的关键参数。由于无法定量确定何种状态为低流量和低密度状态，因此一般常用 85% 分位点的速度作为自由流速度。85% 分位点自行车速度是指有 85% 的自行车骑行人的运行速度低于该速度，85% 分位点速度一般应用于限速的设置。美国交通运输研究委员会(Trasnportation Research Board，TRB)的专题报告中规定，85% 分位点速度是进行道路交通安全性评估的重要统计指标。因此，本章研究将使用 85% 分位点速度作为混合自行车交通流的限速和风险评估指标，进而构建该指标与相关影响因素的定量关系模型。

5.2　人工神经网络模型

5.2.1　模型描述

　　人工神经网络(artificial neural network，ANN)是 20 世纪 80 年代以来人工智能领域重要的研究方向之一。它从信息处理的角度对人脑神经元网络进行抽象处理，进而构建某种关系模型，按照不同的连接方式构成不同的网络。人工神经网络是由大量处理单元互联组成的非线性、自适应信息处理系统。它是在现代神经科学研究成果的基础上提出的,试图通过模拟大脑神经网络处理、记忆信息的方式进行信息处理。人工神经网络具有以下四个基本特征。

(1)非线性。非线性关系是自然界的普遍特性。大脑的智慧就是一种非线性现象。人工神经元处于激活或抑制两种不同的状态,这种行为在数学上表现为一种非线性人工神经网络关系。具有阈值的神经元构成的网络具有更好的性能,可以提高容错性和存储容量。

(2)非局限性。一个神经网络通常由多个神经元广泛连接而成。一个系统的整体行为不仅取决于单个神经元的特征,还取决于神经元之间的相互连接和相互作用。通过神经元之间的大量连接模拟大脑的非局限性。联想记忆是非局限性的典型例子。

(3)非常定性。人工神经网络具有自适应、自组织、自学习能力。神经网络不但可以处理有各种变化的信息,而且在处理信息的同时,非线性动力系统本身也在不断演化。通常可采用迭代过程描述动力系统的演化过程。

(4)非凸性。一个系统的演化方向,在一定条件下将取决于某个特定的状态函数。例如能量函数,它的极值对应于系统比较稳定的状态。非凸性是指这种函数有多个极值,故系统具有多个较稳定的平衡态,这将导致系统演化的多样性。

近年来,人工神经网络已深度应用于模式识别、自动控制、生物医学等领域。在交通运输领域,人工神经网络在交通流短时预测、单线圈检测器速度估计、交通状态判别等工作中也有着广泛的应用。目前,ANN 模型也已经应用于机动车的自由流速度估计。

由于混合自行车交通流自由流速度的影响因素众多,传统的线性或非线性回归模型很难定量刻画这种多因素综合作用下的相关关系。因此,本章采用人工神经网络的方法构建混合自行车交通流自由流速度的影响因素模型,为混合自行车交通流风险评估提供了依据。

本研究提出了四种 ANN 模型,充分考虑了各种不同参数的组合形式,为预测混合自行车交通流的自由流速度提供了丰富的模型结构(见表5.2)。其中,模型 1 仅考虑非机动车道特性和交通流特性;模型 2 考虑非机动车道特性、交通流特性及自行车类型;模型 3 考虑非机动车道特性、交通流特性及骑行人特性;模型 4 考虑全部四种影响因素。标志"√"表示该类模型中包含这一项输入变量。

表 5.2　不同神经网络模型的输入参数表

影响因素	输入参数	模型 1	模型 2	模型 3	模型 4
非机动车道特性	CW	√	√	√	√
交通流特性	BF	√	√	√	√
自行车类型	PSS		√		√
	PBS		√		√
	PMC			√	√
骑行人特性	PYC			√	√
	PMAC			√	√
	PLC			√	√

5.2.2　网络结构

BP(back propagation)神经网络是一种按误差逆传播算法训练的多层前馈网络，是目前应用最广泛的神经网络模型之一。BP 神经网络能学习和存储大量的输入-输出模式映射关系，而无须事前揭示描述这种映射关系的数学方程。它的学习规则是使用最速下降法，通过反向传播来不断调整网络的权值和阈值，使网络的误差平方和最小。

本书所采用的三层 BPANN 模型的网络结构如图 5.1 所示，包含了输入层(input layer)、隐含层(hidden layer)和输出层(output layer)。i,j 和 k 分别代表了输入层、隐含层和输出层的序号。输入层、输出层和隐含层的节点数量分别为 n,m 和 l。输入层和输出层节点的数量(n 和 m) 分别对应输入变量和输出变量的个数，由所研究的问题决定。隐含层节点的数量(l) 由网络设计者和输入输出变量的数量综合决定。隐含层和输出层的网络权重系统分别为 w_{ij} 和 w_{jk}。对于本章的研究，模型 1～4 的输入层节点数量分别为 2,4,6 和 8。输出层节点数量为自由流速度值，取 1。

隐含层节点的数量会对 BPANN 模型的性能产生显著的影响。因此，合理地确定隐含层节点数就成为网络优化的重要环节。隐含层节点数太少，模型优化训练的精度较低；隐含层节点数太多，导致训练时间过长或无法得到优化结果。根据相关的研究成果，隐含层节点数量需满足如下条件：

$$l = \sqrt{n+m} + a \tag{5.1}$$

式中，a 为 0 至 10 的正整数。由于四个模型具有不同的输入变量，因此采用相同的隐含层节点数量进行训练时间和效果的对比。本章采用 10 个隐含层节点的 BPANN 模型进行训练。

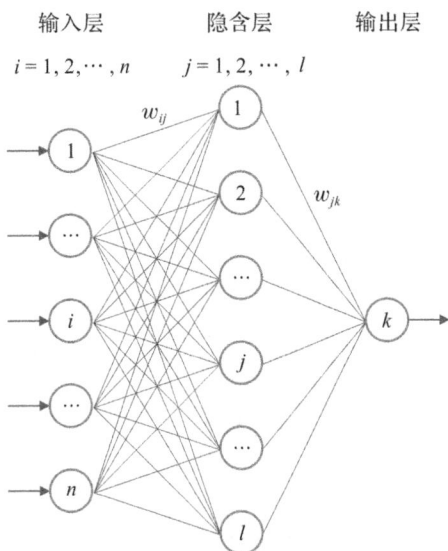

图 5.1 三层 BPANN 模型的结构

5.2.3 BPANN 模型算法

BPANN 模型的算法主要可以分为两个阶段:反馈和权重更新。详细的算法步骤如下。

(1)初始化网络

输入变量矩阵定义为 $x = (x_1, x_2, \cdots, x_n)$;隐含层的输入向量定义为 $hi = (hi_1, hi_2, \cdots, hi_l)$;隐含层的输出向量定义为 $ho = (ho_1, ho_2, \cdots, ho_l)$;输出层的输入向量定义为 $yi = (yi_1, yi_2, \cdots, yi_m)$;输出层的输出向量定义为 $do = (do_1, do_2, \cdots, do_m)$。对连接权值分别赋值随机数,并给定计算精度 ε 及最大学习次数 M。

则输出样本的误差函数可以表示为:

$$e = \frac{1}{2} \sum_{k=1}^{m} (do_k - yo_k)^2 \tag{5.2}$$

式中,e 为输出样本的误差。

(2)随机选取 x 个输入样本及对应的期望输出

(3)计算隐含层和输出层结果

隐含层和输出层的输入输出值可以通过下列公式计算得到:

$$hi_j = \sum_{i=1}^{n} w_{ij} x_i - b_j, \ j = 1, 2, \cdots, l \tag{5.3}$$

$$ho_j = f(hi_j), \ j = 1, 2, \cdots, l \tag{5.4}$$

$$yi_k = \sum_{i=1}^{l} w_{jk} ho_j - b_o, \ k = 1, 2, \cdots, m \tag{5.5}$$

$$yo_k = f(yi_k), \ k = 1, 2, \cdots, m \tag{5.6}$$

式中，b_j 和 b_o 分别为隐含层和输出层神经元的临界值。$f(\cdot)$ 为对数 S 形转移函数，其具体公式如下：

$$f(x) = \frac{1}{1 + e^{-x}}, \ 0 < f(x) < 1 \tag{5.7}$$

（4）计算误差函数对各神经元的偏导数

误差函数对输出层每个神经元的偏导数可以通过下列公式计算：

$$\frac{\partial e}{\partial w_{jk}} = \frac{\partial e}{\partial yi_k} \frac{\partial yi_k}{\partial w_{jk}} \tag{5.8}$$

$$\frac{\partial yi_k}{\partial w_{jk}} = \frac{\partial \left[\sum\limits_{j=1}^{l} w_{jk} ho_j - b_o \right]}{\partial w_{jk}} = ho_j \tag{5.9}$$

$$\frac{\partial e}{\partial yi_k} = \frac{\partial \left[\frac{1}{2} \sum\limits_{k=1}^{m} (do_k - yo_k)^2 \right]}{\partial yi_k} = -(do_k - yo_k) yo_k' = -(do_k - yo_k) f'(yi_k) - \delta_k \tag{5.10}$$

误差函数对隐含层每个神经元的偏导数可以通过下列公式计算：

$$\frac{\partial e}{\partial w_{ij}} = \frac{\partial e}{\partial hi_j} \frac{\partial hi_j}{\partial w_{ij}} \tag{5.11}$$

$$\frac{\partial hi_j}{\partial w_{ij}} = \frac{\partial \left(\sum\limits_{i=1}^{n} w_{ij} x_i - b_j \right)}{\partial w_{ij}} = x_i \tag{5.12}$$

$$\frac{\partial e}{\partial hi_j} = \frac{\partial \left[\frac{1}{2} \sum\limits_{k=1}^{m} (do_k - yo_k)^2 \right]}{\partial ho_j} \frac{\partial ho_j}{\partial hi_j} = -\left(\sum\limits_{k=1}^{m} \delta_k w_{jk} \right) f'(hi_j) - \delta_j \tag{5.13}$$

（5）修正连接权重值

隐含层和输出层的连接权重值修正公式如下：

$$\Delta w_{jk} = -\eta \frac{\partial e}{\partial w_{jk}} = \eta \delta_k ho_j \tag{5.14}$$

$$w_{jk}^{N+1} = w_{jk}^{N} + \eta \hat{p}_k ho_j \tag{5.15}$$

$$\Delta w_{ij} = -\eta \frac{\partial e}{\partial w_{ij}} = -\eta \frac{\partial e}{\partial hi_j} \frac{\partial hi_j}{\partial w_{ij}} = \eta \hat{p}_j x_i \tag{5.16}$$

$$w_{ij}^{N+1} = w_{ij}^{N} + \eta \hat{p}_j x_i \tag{5.17}$$

式中，Δw_{ij} 和 Δw_{jk} 分别为隐含层和输出层权重值的变化量；N 为迭代次数；η 为学习率，需要根据连接权重值进行优化。

（6）计算全局误差

训练样本的总误差可以通过下式计算得到：

$$E = \frac{1}{2} \sum_{t=1}^{T} \sum_{k=1}^{m} [do_k(t) - yo_k(t)]^2 \tag{5.18}$$

式中，t 为训练样本的序列值；T 为训练样本的数量。

（7）循环迭代

判断网络误差是否满足要求，当误差达到预设精度或者学习次数大于设定的最大次数时，结束算法；否则选取下一个学习样本及对应的期望输出，返回到第三步，进入下一轮学习。

5.3　结果与讨论

使用 Matlab 软件进行 BPANN 模型的训练与验证。将原始调查数据分为三组，分别进行模型的训练、验证与测试。总共获得 459 组样本数据，其中 70% 样本（321 组）用于模型训练，15% 样本（69 组）用于模型验证，15% 样本（69 组）用于模型测试。四个模型的结构分别为 $2-10-1$，$4-10-1$，$6-10-1$，以及 $8-10-1$。

在进行模型训练之前，为了得到 BPANN 模型训练的最佳效果，一般需要将原始的输入输出数据进行转换，对其进行归一化，将样本数据的变化范围调整为 $[0,1]$。样本数据归一化方法为：

$$nx_i = \frac{x_i - \min(x_i)}{\max(x_i) - \min(x_i)} \tag{5.19}$$

每一次的模型训练、验证与测试都需要通过计算误差和相关系数进行评估。四个 BPANN 模型的学习性能如图 5.2 所示。四个 BPANN 模型的训练、验证及测试结果如图 5.3 ~ 5.6 所示。

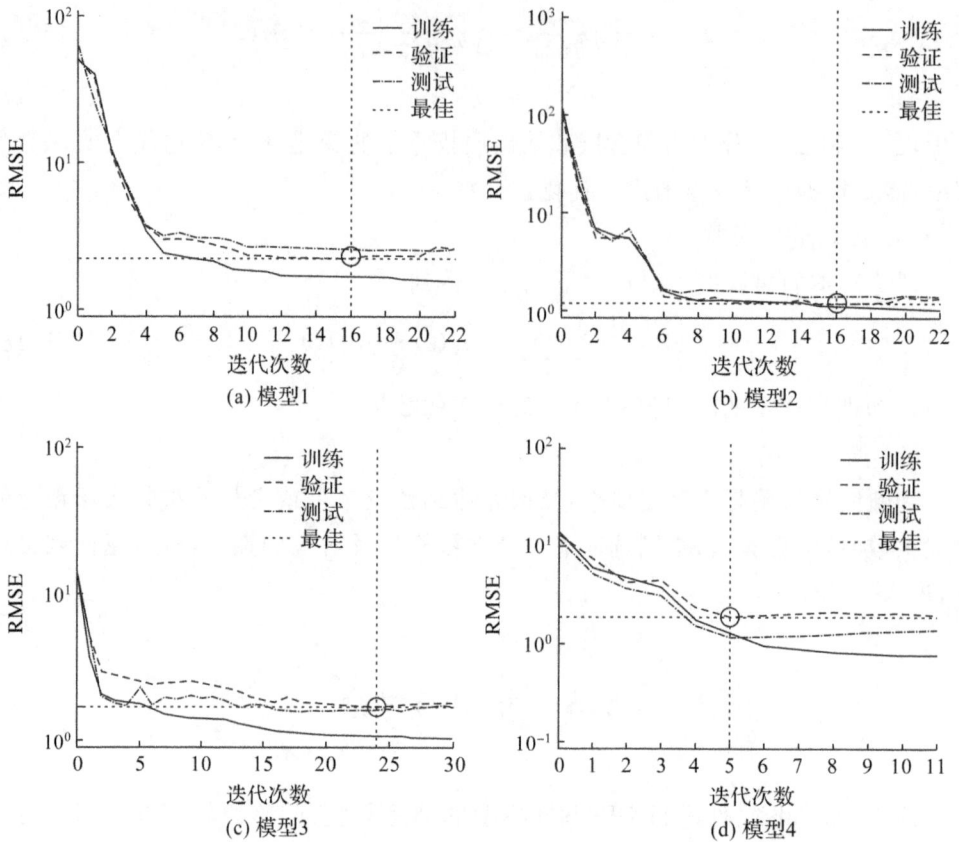

图 5.2　四个 BPANN 模型的学习性能

　　两个性能评价指标 MAPE 和 RMSE 可以用于测试样本效果的评价。这两个指标的计算公式如下：

$$\text{MAPE} = \frac{1}{M} \sum_{j=1}^{M} \left| \frac{\hat{V}_f(j) - V_f(j)}{V_f(j)} \right| \times 100\% \tag{5.20}$$

$$\text{RMSE} = \sqrt{\frac{1}{M} \sum_{j=1}^{M} \left[\hat{V}_f(j) - V_f(j) \right]^2} \tag{5.21}$$

式中，$\hat{V}_f(j)$ 为第 j 个测试样本预测得到的自由流速度；$V_f(j)$ 为第 j 个测试样本观测得到的自由流速度；M 为测试样本数量。

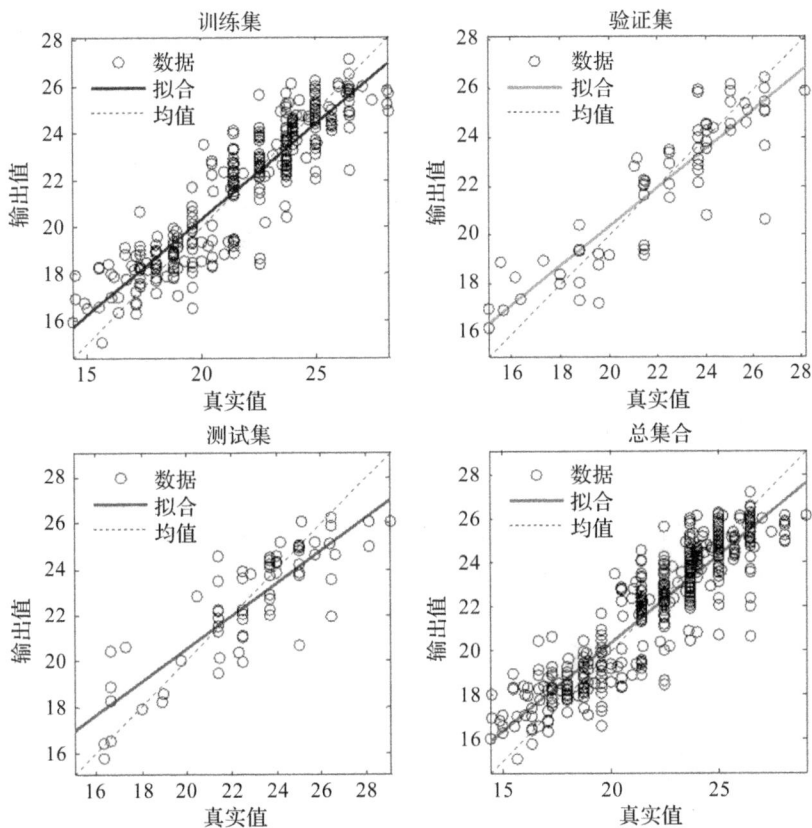

图 5.3　模型 1 的回归结果

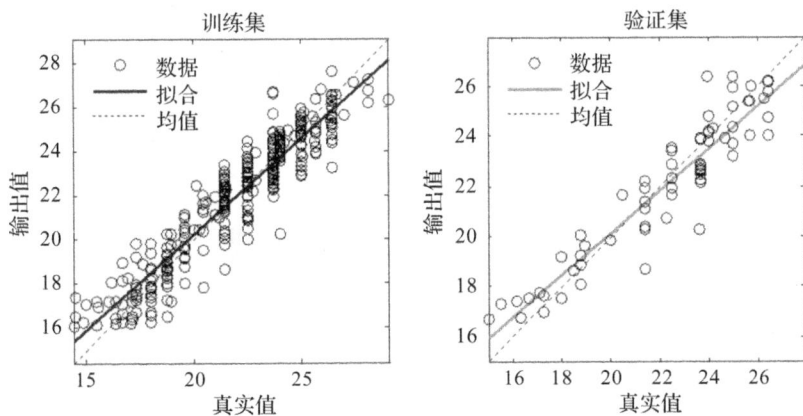

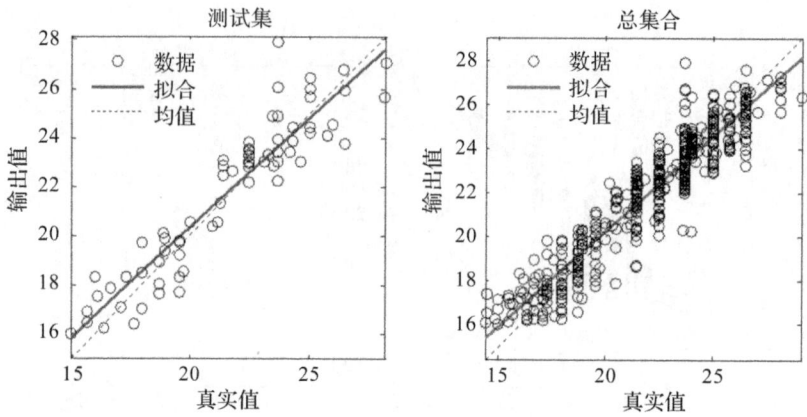

图 5.4　模型 2 的回归结果

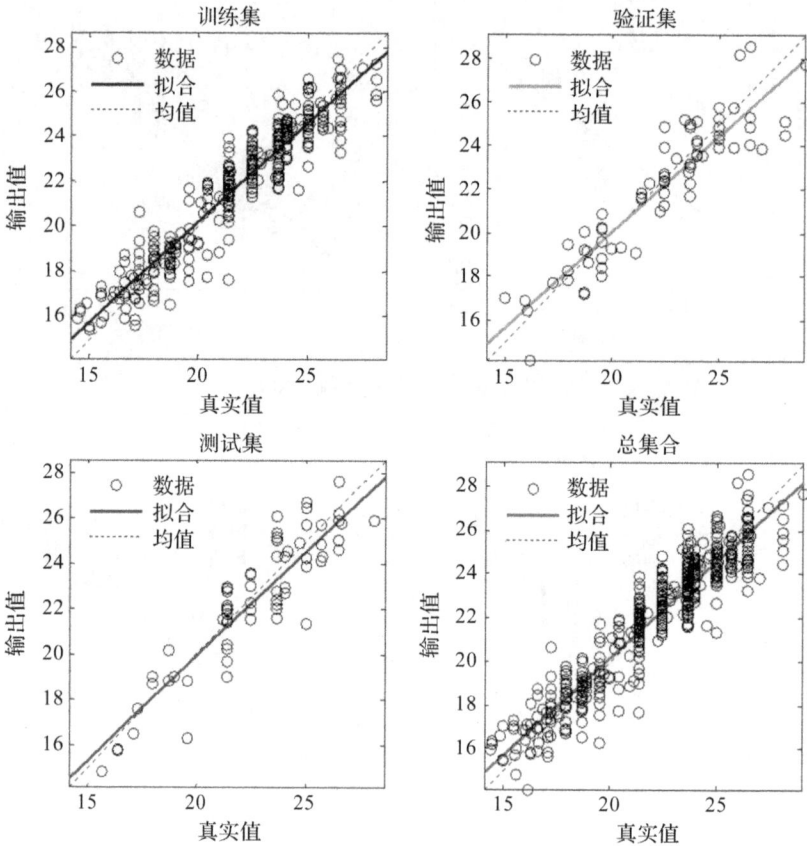

图 5.5　模型 3 的回归结果

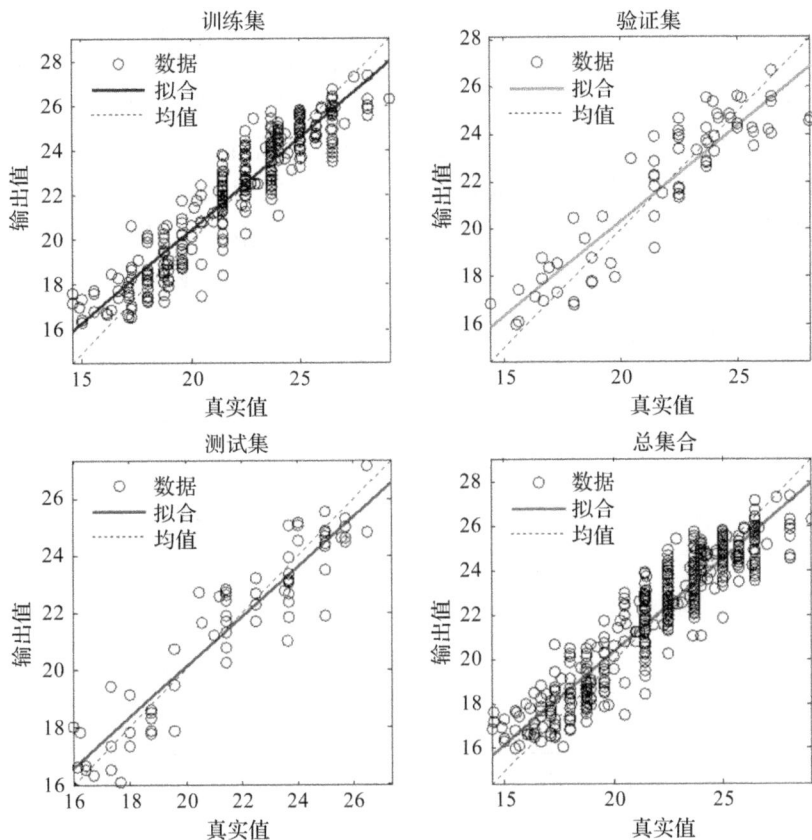

图 5.6　模型 4 的回归结果

R^2、MAPE 和 RMSE 可以用于四个模型的效果评价,其结果如表 5.2 所示。混合自行车交通流自由流速度的观测值和预测值的对比结果如图 5.7 所示。

通过分析上述结果,可以得到如下结论。

(1)四个 BPANN 模型预测得到的混合自行车交通流自由流速度误差都较小,绝对速度误差都小于 2 km·h^{-1},表明预测模型具有很高的预测性能与精度。虽然模型 1 仅有两个输入变量,但是其预测精度仍然较高,预测误差在可接受范围之内。

(2)通过模型误差结果可以看出,相比于模型 1,模型 2 和模型 3 具有更高的精度。这一结果说明,考虑自行车类型和骑行人特性能够有效地改进自由流速度预测模型的精度。与机动车不同,自行车骑行人的相关特性更容易调查获取,因此通过分析骑行人的相关特性可以更加精确地预测自由流速度的主要影响因素,为交通风险评估提供理论依据。

（3）通过对比模型 2 和模型 3 的预测精度结果可知，模型 2 比模型 3 具有更高的预测精度。这一结果表明，自行车类型相对于骑行人特性来说，对混合自行车交通流自由流速度和冲突风险的影响更大。造成这一结果的主要原因是，电动自行车具有更高的速度，自行车类型的变化对混合自行车交通流自由流速度产生了显著的影响。因此，电动自行车的管理与限速能够有效地改善交通风险，提升交通安全性。

（4）当同时考虑自行车类型和骑行人特性时，模型 4 的预测精度是最高的。测试结果中 MAPE 和 RMSE 分别达到了 4.13% 和 1.09 km·h^{-1}。本章的四类 BPANN 模型为分析混合自行车交通流自由流速度和冲突风险的影响因素提供了理论基础。

表 5.2　不同模型的预测误差

模型	R^2	MAPE	RMSE/(km · h^{-1})
1	0.72	5.25%	1.60
2	0.85	4.54%	1.21
3	0.82	4.60%	1.28
4	0.87	4.13%	1.09

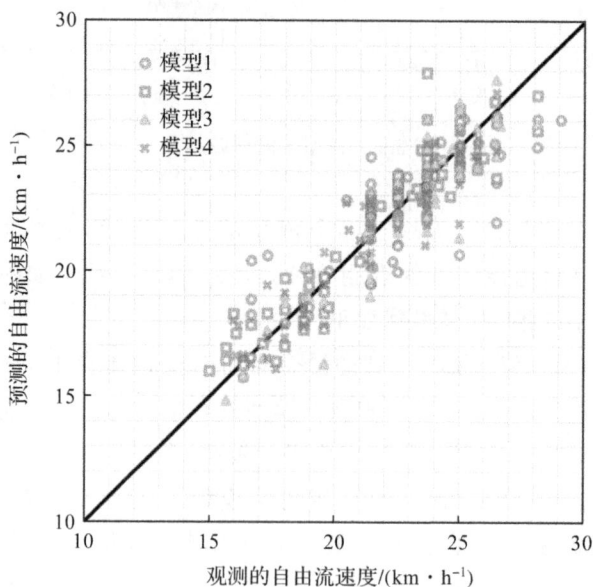

图 5.7　不同模型自由流速度的观测值与预测值

5.4　本章小结

混合自行车交通流的自由流速度是确定非机动车道限速阈值、评估混合自行车交通流冲突风险的重要指标。本章采用了四类包含不同混合自行车交通流自由流速度影响因素的 BPANN 模型,对自由流速度和混合交通流冲突风险进行建模,使用 Matlab 软件对四种模型分别进行了训练、验证与测试工作。基于原始调查数据库,通过自适应学习,四类模型的预测结果相关系数达到了较高水平($R^2 = 0.72, 0.85, 0.82$ 和 0.87)。预测结果表明,本研究提出的神经网络模型具有较高的预测精度和鲁棒性。同时,在考虑自行车类型和骑行人特性之后,能够有效地提升模型的预测精度。因此,利用神经网络模型可以为混合自行车交通流冲突风险的影响因素分析奠定理论基础。

第6章　混合自行车交通流安全风险指标
及其影响因素

　　自由流速度是评估交通流安全性的重要指标之一。第5章通过对自由流速度的影响因素建模，建立了混合自行车交通流冲突风险模型。由于混合自行车交通流中不同类型车辆运行速度不同，车辆相互穿插运行，带来了严重的交通安全隐患。本章主要从混合自行车交通流内部运行特性的角度出发，考虑采用速度的离散性指标提出评价混合自行车交通流安全风险的特征指标，分析安全风险特性，并构建影响因素分析模型。

6.1　速度离散指标定义

　　速度作为机动车和自行车交通流的重要参数之一，具有广泛的应用价值。大量相关的研究成果都侧重于分析自由流速度及其分布特性，却忽视了对速度离散性的分析。对于混合交通流来说，异质交通流的混合运行造成了复杂的交通现象。其中，不同速度车辆的相互穿越交叉导致交通效率与交通安全性降低。因此，深入分析混合自行车交通流的速度离散特性，并构建混合自行车交通流的安全风险评价指标就显得尤为重要。

　　常见的速度离散程度可以用个体车辆的速度标准差（standard deviation of the individual speed，SDIS）和平均速度偏差（average speed difference，ASD）这两个指标描述。假设在某一固定时间间隔内有 n 辆自行车通过某一断面，则这个时间段内两种速度离散程度指标可以通过如下公式计算得到：

$$\sigma = \sqrt{\frac{\sum_{i=1}^{n}(v_i - \overline{v})^2}{(n-1)}} \tag{6.1}$$

$$\overline{\Delta v} = \frac{\sum\limits_{i=1}^{n-1} |v_i - v_{i+1}|}{n-1} \tag{6.2}$$

式中，σ 和 $\overline{\Delta v}$ 分别为速度标准差与速度偏差；v_i 为第 i 辆自行车通过某一断面时的速度；$\overline{v}$ 为统计时间间隔内所有自行车的平均速度。

由于不同采样间隔内的速度平均值不同，仅仅比较速度标准差并不能很好地区分不同采样间隔下的速度离散性。因此，考虑到平均速度的影响，本章提出了两种无量纲的速度离散性指标，即速度标准差率（ratio of SDIS，SDISR）和速度偏差率（ratio of ASD，ASDR）。两个指标的计算公式如下：

$$SDISR = \sigma / \overline{v} \tag{6.3}$$
$$ASDR = \overline{\Delta v} / \overline{v} \tag{6.4}$$

速度离散指标可以用于分析交通流的波动性及走走停停、震荡等复杂的特性，也可以用于分析微观交通的安全性。

6.2　自行车碰撞风险指标

碰撞时间（time to collision，TTC）是机动车交通安全风险评估的重要指标之一，许多研究成果都是基于 TTC 进行机动车交通安全性的分析与评价得到的。然而，与机动车不同，非机动车基本上不存在明显的车辆跟驰现象，因而无法直接计算得到非机动车的 TTC 指标。同时，许多学者的研究表明，速度离散性与交通事故、冲突风险等都存在相关性。因此，采用速度离散指标可以进行自行车道服务水平与安全性的分析。

美国《道路通行能力手册》规定，可以采用自行车的超车事件对非机动车道服务水平和安全性进行评估。而速度的离散程度正是影响超车事件的重要因素之一。许多相关研究结果也表明超车事件会随自行车速度标准差的增加而增加。但是，由于超车事件很难进行调查，而速度离散性指标能够很好地替代超车事件指标。因此，速度离散性指标可能会是进行自行车交通安全风险分析很好的替代指标。

为了验证各种微观交通安全风险指标的有效性与可靠性，图 6.1～6.3 分别给出了三种不同车道数条件下超车事件比例与平均速度、SDIS/ASD，以及 SDISR/ASDR 之间的散点图，从图中可以得到如下结论。

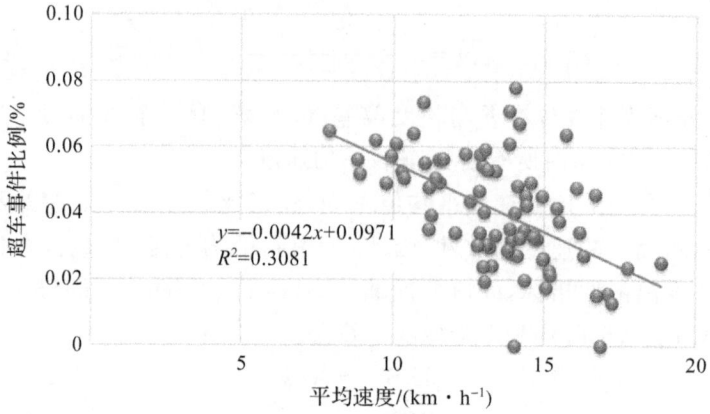

(a) 平均速度与超车事件比例的关系

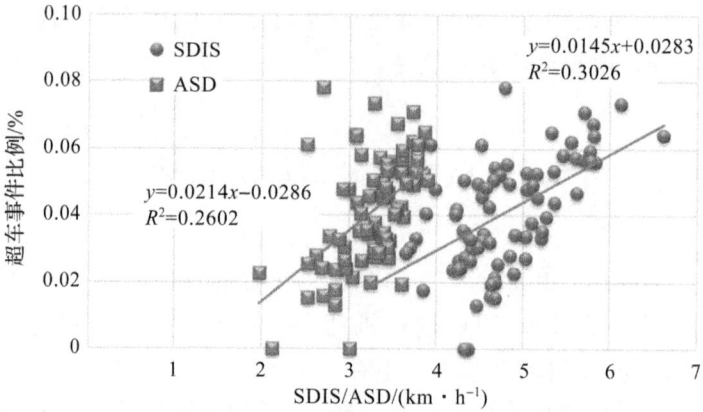

(b) SDIS/ASD与超车事件比例的关系

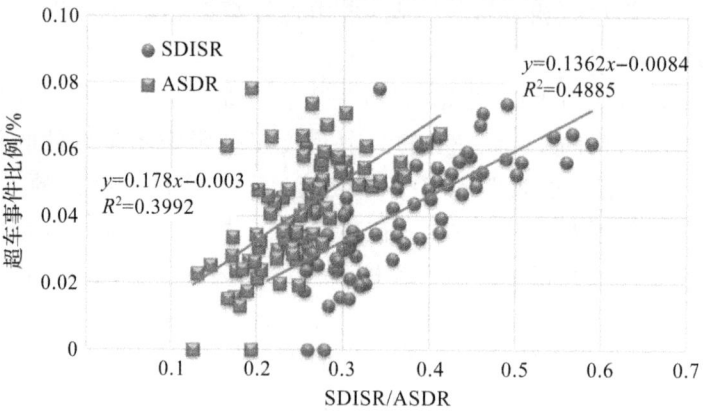

(c) SDISR/ASDR与超车事件比例的关系

图 6.1　两车道风险指标与超车事件比例的关系

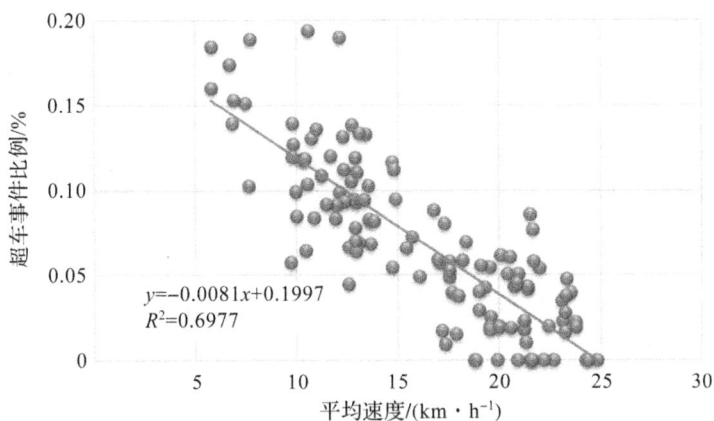

(a) 平均速度与超车事件率比例关系

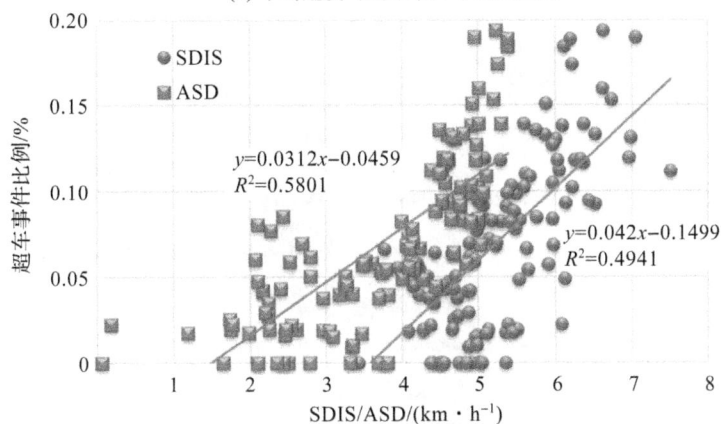

(b) SDIS/ASD与超车事件比例的关系

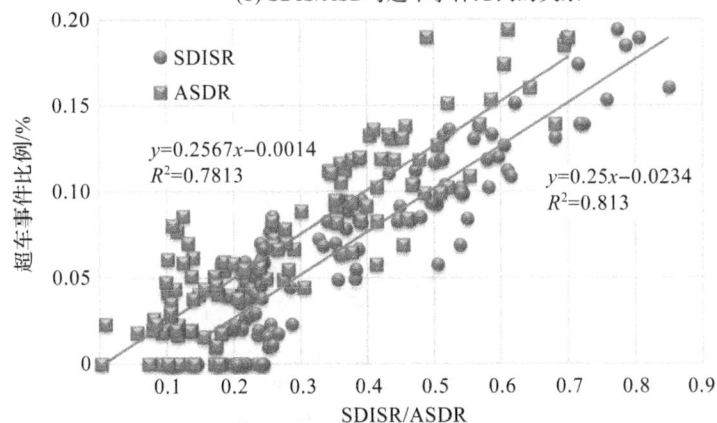

(c) SDISR/ASDR与超车事件比例的关系

图 6.2　三车道风险指标与超车事件比例的关系

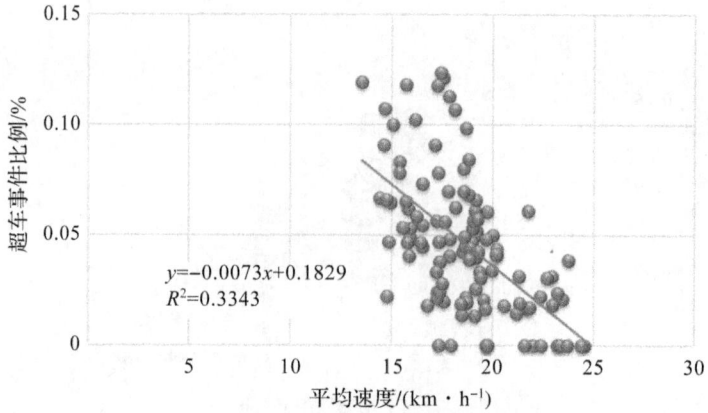

(a) 平均速度与超车事件比例的关系

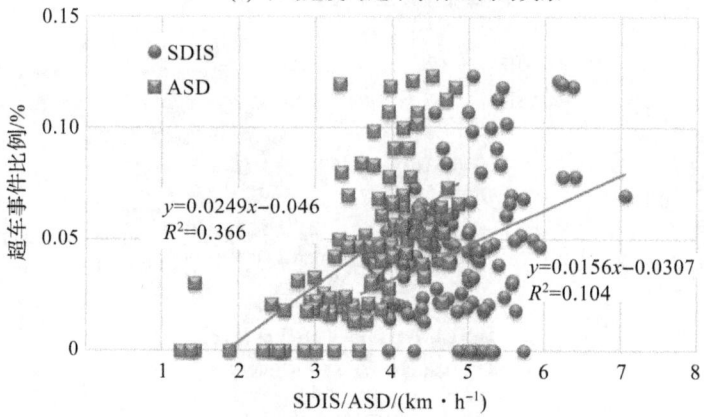

(b) SDIS/ASD与超车事件比例的关系

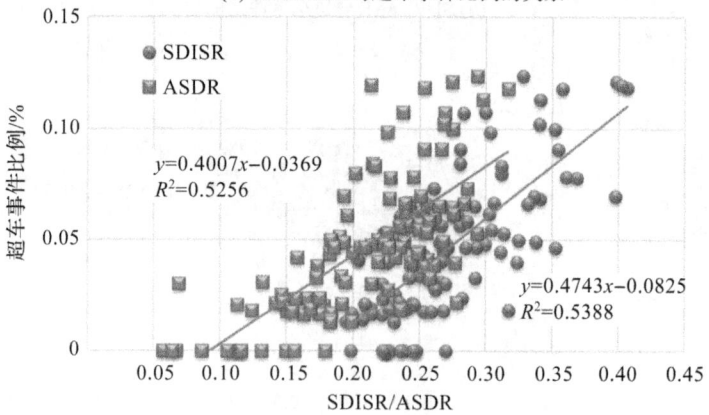

(c) SDISR/ASDR与超车事件比例的关系

图 6.3　四车道风险指标与超车事件比例的关系

(1)随着混合自行车平均速度的增加,超车事件比例随之减少。三个调查地点的 R^2 分别为 0.3081,0.6977 和 0.3343。与此相反,随着超车事件比例的增加,SDIS/ASD 或 SDISR/ASDR 指标也随之增加。

(2)许多研究表明,平均速度与机动车的冲突风险存在显著的正相关性。然而,这一结论并不适用于自行车交通流。得出这一结论的主要原因是机动车的冲突风险主要是追尾碰撞,速度的增加会导致更小的车头时距和更大的反应距离。而非机动车与此相反,冲突事件主要是车辆相互穿越超车造成的,更低的平均速度则会导致更多的自行车超车事件。

(3)通过对比 SDIS/ASD 和 SDISR/ASDR 指标发现,SDISR/ASDR 指标与超车事件比例的相关性大大高于 SDIS/ASD 指标。SDISR/ASDR 类无量纲的指标能够消除平均速度的影响,更适合作为交通安全性的评价指标。

基于上述分析结论,综合考虑平均速度和速度离散性的 SDISR/ASDR 指标更适合用于微观层面的混合自行车交通流安全风险评价,且该指标更易于获取。

6.3 安全风险影响分析

6.3.1 潜在安全风险

本章研究采用三个地点的实测数据。这三个地点分别包括了二、三和四条车道的非机动车道基本路段。每个路段的两种风险指标(SDISR 和 ASDR)可以用式 6.3 和 6.4 计算得到,数据采样间隔为五分钟。不同交通状态下的安全风险指标如表 6.1 所示。饱和度可以通过下式计算得到:

$$x = \frac{q}{C} \tag{6.5}$$

式中,x 为非机动车道的饱和度;q 为非机动车道流量(辆 $\cdot$ h^{-1} $\cdot$ m^{-1});C_i 为非机动车道的通行能力(辆 $\cdot$ h^{-1} $\cdot$ m^{-1})。

表 6.1 中描述了不同交通状态下的样本数量和安全风险指标均值。三个调查地点的 SDISR 和 ASDR 指标相关关系如图 6.4 所示。从中可以看出,两个风险指标间具有很强的线性相关性,三个调查地点两个指标的 R^2 分别达到了 0.64,0.89 以及 0.53。不同调查地点两个风险指标具有相似的变化模式,因此它们都可以应用于混合自行车交通流的安全风险评估。

表 6.1 不同交通状态下的混合自行车交通流安全风险指标

地点	x	样本数	平均 SDISR	平均 ASDR
	低(<0.2)	12	0.217	0.148
1	中(>0.2 & <0.4)	26	0.244	0.152
	高(>0.4)	39	0.475	0.310
	合计	77	0.360	0.231
	低(<0.2)	57	0.260	0.189
2	中(>0.2 & <0.4)	38	0.302	0.244
	高(>0.4)	27	0.727	0.545
	合计	122	0.376	0.262
	低(<0.2)	104	0.317	0.258
3	中(>0.2 & <0.4)	8	0.338	0.261
	高(>0.4)	0	——	——
	合计	112	0.318	0.258

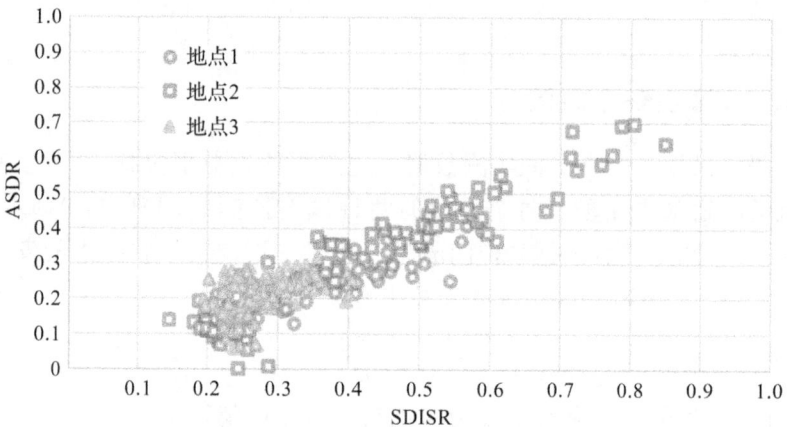

图 6.4 不同调查地点两种交通安全风险指标相关关系

6.3.2 不同交通状态下的风险影响分析

下面将用单因素方差分析(ANOVA)研究不同交通状态下非机动车道的潜在风险指标。不同饱和度比下的交通安全风险指标假设检验结果如表 6.2 所示。从中可以看出,在大部分低、中饱和度交通状态下,交通安全风险指标(除了地点 2

的 ASDR 指标之外)之间没有显著性差异。与此相反,高饱和度下的 SDISR 和 ASDR 指标与低、中饱和度下的具有显著差异(所有的 P 值都小于 0.05)。

造成上述现象的主要原因是观测到的非机动车道交通状态都大大低于其通行能力。因此,在低、中饱和度下的非机动车道具有较好的服务水平,车辆之间的干扰较少,这时的饱和度并不会对自行车交通安全风险产生显著性影响。而当交通流处于高饱和度时,车辆之间侧向的相互干扰逐渐增加,并会对交通安全风险产生直接影响。下一节将对饱和度与风险指标进行深入分析与建模。

表 6.2　不同交通状态下的风险指标方差分析结果

地点	饱和度类别	SDISR 的 P 值	ASDR 的 P 值
	低 vs. 中	0.759(不显著)	0.862(不显著)
1	低 vs. 高	0.000(显著)	0.000(显著)
	中 vs. 高	0.000(显著)	0.000(显著)
	低 vs. 中	0.061(不显著)	0.000(显著)
2	低 vs. 高	0.000(显著)	0.000(显著)
	中 vs. 高	0.000(显著)	0.000(显著)
3	低 vs. 中	0.748(不显著)	0.915(不显著)

6.3.3　不同车道数下的风险影响分析

不同车道数量条件下潜在安全风险指标的方差分析结果如表 6.3 所示。从表中可以得到如下结论。

(1)随着车道数的增加,混合自行车交通流的风险指标(包括 SDISR 和 ASDR)会显著增加。在相同的交通状态下,两车道的风险指标最低,表明其最安全;而四车道的风险指标最高,表明其最危险。与两车道的风险指标相比,三车道和四车道的 SDISR 分别高出了 20.0% 和 46.2%,ASDR 分别高出了 28.1% 和 74.4%。随着车道数量的增加,相同交通状态下的混合自行车交通流风险指标显著增加。

(2)在所有交通状态下,P 值都小于 0.05,表明不同车道数的风险指标存在显著性差异。与其他车道数下的风险指标相比,四车道下混合自行车交通流的安全风险水平最高。这主要是因为随着非机动车道宽度的增加,自行车之间存在更多的可穿越侧向空间,电动自行车等速度较高的车辆频繁超车。

(3)研究使用不同的风险指标都得到了相同的结果。由此可以确定,电动自行车具有更强的动力，随着车道的增加，其有更大的概率超越普通自行车，故速度的离散程度和超车事件率同时显著增加。上述结果表明，非机动车道的安全风险与车道宽度存在显著的相关性，在非机动车道的交通规划与设计时需要着重考虑这一因素。

表 6.3　不同车道数下的风险指标方差分析结果

饱和度类别	车道类型	SDISR		ASDR	
		均值	P 值	均值	P 值
低	两车道 vs. 三车道	0.217 vs. 0.260	0.011	0.148 vs. 0.189	0.001
	二车道 vs. 四车道	0.217 vs. 0.317	0.009	0.148 vs. 0.258	0.000
	三车道 vs. 四车道	0.260 vs. 0.317	0.001	0.189 vs. 0.258	0.000
中	二车道 vs. 三车道	0.244 vs. 0.302	0.020	0.152 vs. 0.244	0.000
	二车道 vs. 四车道	0.244 vs. 0.338	0.002	0.152 vs. 0.261	0.000
	三车道 vs. 四车道	0.302 vs. 0.338	0.030	0.244 vs. 0.261	0.034
高	二车道 vs. 三车道	0.475 vs. 0.727	0.000	0.310 vs. 0.545	0.000

6.4　安全风险影响因素建模

基于上一节的研究结论，自行车车道数量和饱和度都会对混合自行车交通流的交通安全风险指标产生显著影响。因此，本节将重点研究交通安全风险指标的影响因素，并构建混合自行车交通流安全性的影响因素模型。

通过对混合自行车交通流特性的分析，本节主要考虑非机动车道的饱和度、自行车类型、自行车骑行人特性（性别、年龄和载人载物）等因素对安全风险指标的影响。一般来说，线性模型可广泛地应用于不同变量之间相关关系的建模中，然而，本研究中无法直接确定这些影响因素与交通安全风险指标之间是否存在线性相关关系。故这里采用线性、二次方、指数和对数这四种相关关系来构建影响因素与风险指标之间的关系模型。以交通状态影响因素饱和度为例，四种不同类型的关系分别对应 $x, x^2, \exp(x)$，以及 $\ln(x)$。采用广义线性模型（generalized linear model，GLM）建立的风险指标影响因素的逐步回归模型如下：

$$
\begin{aligned}
\text{SDISR/ASDR} = {} & a + b_1 x + b_2 P_e + b_3 P_m + b_4 P_y + b_5 P_l \\
& + b_6 x^2 + b_7 P_e^2 + b_8 P_m^2 + b_9 P_y^2 + b_{10} P_l^2 \\
& + b_{11} e^x + b_{12} e^{P_e} + b_{13} e^{P_m} + b_{14} e^{P_y} + b_{15} e^{P_l} \\
& + b_{16} \ln x + b_{17} \ln P_e + b_{18} \ln P_m + b_{19} \ln P_y + b_{20} \ln P_l
\end{aligned}
\tag{6.6}
$$

式中，P_e，P_m，P_y 及 P_l 分别为电动自行车比例、男性骑行人比例、青年骑行人比例和载人载物骑行人比例；a，b_1，b_2，$\cdots$，b_{20} 为需要标定的广义线性模型参数。

混合自行车交通流安全风险指标与其影响因素关系的模型如式 6.6 所示。应用该模型，可以定量地分析这些影响因素与非机动车道安全风险指标之间的关系。通过原始调查数据可以获得模型中所需的相关变量（x，P_e，P_m，P_y 及 P_l）。

在本次研究中，三种不同车道数量类型的调查地点在五分钟采样间隔下分别获取了 77，122 及 112 组样本数据。三分之二的样本数据（两车道 50 组样本，三车道 80 组样本，四车道 75 组样本）用以标定模型参数，另外三分之一的样本数据（两车道 27 组样本，三车道 42 组样本，四车道 37 组样本）用以模型的验证。

本书采用逐步回归的方法对模型的参数进行标定。逐步回归方法能够自动筛选关键影响因素使得最终的结果最优。表 6.4 给出了逐步回归模型的统计参数结果。其中，所有交通安全风险指标的相关性系数都大于 0.5，表明回归模型能够很好地拟合实测的数据。P 值结果表明，混合自行车交通流安全风险指标与相关的影响因素之间存在统计学上的显著相关性。混合自行车交通流安全风险指标影响因素的回归模型最终结果如下：

$$
\text{SDISR}_1 = 0.237 + 0.272 P_e^2 \tag{6.7}
$$

$$
\text{ASDR}_1 = 0.229 - 0.196 P_e + 0.311 P_e^2 \tag{6.8}
$$

$$
\text{SDISR}_2 = 0.102 + 0.62 x + 0.289 P_e^2 \tag{6.9}
$$

$$
\text{ASDR}_2 = -0.083 + 0.766 x + 0.301 P_e \tag{6.10}
$$

$$
\text{SDISR}_3 = 2.233 - 6.122 P_e + 4.63 P_e^2 + 2.176 P_l^2 \tag{6.11}
$$

$$
\text{ASDR}_3 = -0.341 + 0.676 P_e + 0.547 P_l \tag{6.12}
$$

式中，SDISR_1，SDISR_2，SDISR_3，ASDR_1，ASDR_2，以及 ASDR_3 分别为调查地点 1～3 的安全风险指标。基于表 6.4 和式（6.7）～（6.12）的结果，可以得到如下重要的结论。

（1）在所有的回归模型中，仅有线性及二次方形式被选入最终的回归方程，指数和对数形式都被剔除出回归模型。这说明指数和对数形式的变量与最终的风险指标不存在显著性的关系，并不适合用以构建安全风险指标模型。因此，在后续的研究中，可以重点将多项式关系模型用于交通安全风险指标的分析。

(2)地点 2 的交通状态指标 x 与交通安全风险指标存在统计学上的显著线性相关性，而对于地点 1 和 3 来说，却没有这种显著相关性。这主要是因为地点 1 和 3 的 x 较小，变化不大(地点 1 的 x 为 0.16～0.45；地点 3 的 x 为 0.04～0.25)。而地点 2 的变化较大，x 为 0.05～0.61。这与上一节中方差分析的结果是一致的。

(3)对于所有调查地点来说，男性骑行人和青年骑行人变量的 P 值都远大于 0.05。因此，不同地点的风险指标不存在显著的差异。这说明男性和青年骑行人的比例并不会对交通安全风险产生显著影响。先前的许多研究结论表明男性和青年骑行人具有更高的骑行速度，但是由于受到整体交通流运行的限制，速度离散性并不会随着这两种参数比例的增加而产生很大的变化。性别和年龄参数并不是影响混合自行车交通流安全风险的显著性因素。

(4)与性别和年龄参数不同，三个调查地点的结果都表明，电动自行车的比例会对潜在安全风险产生显著影响。SDIAR 和 ASDR 指标的 P 值都小于 0.05。随着电动自行车比例的增加，潜在安全风险以线性或者二次方增加。这主要是因为与普通自行车相比，电动自行车具有更广的速度变化区间且更加灵活。Schepers 等(2014a)和 Weber 等(2014)的研究也得到了相似的结论。

(5)另一个有趣的发现是载人载物骑行人的比例会对四车道的安全风险产生显著影响，而对于三车道和两车道非机动车道却没有出现这样的显著性关系。这表明载人载物骑行人的比例仅仅在较宽的非机动车道上对交通安全风险产生影响。对于较窄的非机动车道，载人载物骑行人会对其他骑行人产生严重的侧向干扰，因此，载人载物骑行人会阻碍其他更快的车辆，其他车辆只能尽量跟随载人载物骑行人缓慢通行，这就导致了所有车辆具有接近的速度与较小的速度离散性。当非机动车道宽度变大后，侧向干扰因素会随之减少，其他快速运行的自行车也能够轻松地超越载人载物骑行人，从而导致混合车流的速度离散性变大。

(6)SDIAR 和 ASDR 指标回归模型的结果具有相同的模式。因此，这两个指标都可以应用于混合自行车交通流的交通安全分析与评价。

表 6.4　逐步回归模型的统计结果

调查地点	风险指标		系数	t 统计量	P 值	R^2	F 统计量	P 值
1	SDISR	截距	0.237			0.515	51.95	<0.001
		P_e^2	0.272	7.07	<0.001			
	ASDR	截距	0.229			0.533	18.33	<0.001
		P_e	−0.196	−2.29	0.027			
		P_e^2	0.311	2.95	0.005			
2	SDISR	截距	0.102			0.833	194.38	<0.001
		x	0.620	5.86	<0.001			
		P_e^2	0.289	7.99	<0.001			
	ASDR	截距	−0.083			0.861	241.99	<0.001
		x	0.766	8.344	<0.001			
		P_e	0.301	6.726	<0.001			
3	SDISR	截距	2.233			0.685	51.36	<0.001
		P_e	−6.122	−1.762	0.019			
		P_e^2	4.630	2.018	0.011			
		P_i^2	2.176	2.735	0.008			
	ASDR	截距	−0.341			0.634	62.36	<0.001
		P_e	0.676	9.607	<0.001			
		P_i	0.547	3.736	<0.001			

图 6.5 为三个调查路段回归模型得到的混合自行车交通流安全风险指标的估计值与实测值之间的对比图。结果表明估计值与实测值具有很好的一致性。表 6.5 中的误差分析结果也再一次表明估计误差较小,说明回归模型具有很好的性能。

本章使用的预测混合自行车交通流安全风险指标影响因素的回归方法是一种多因子模型,与贝叶斯估计、人工神经网络、小波分析等人工智能方法相比,具有更为简单的形式、更高的性能,以及更好的解释性。同时,该模型能够精确地反映安全风险指标与其影响因素之间的关系,为确定关键影响因素奠定了基础。

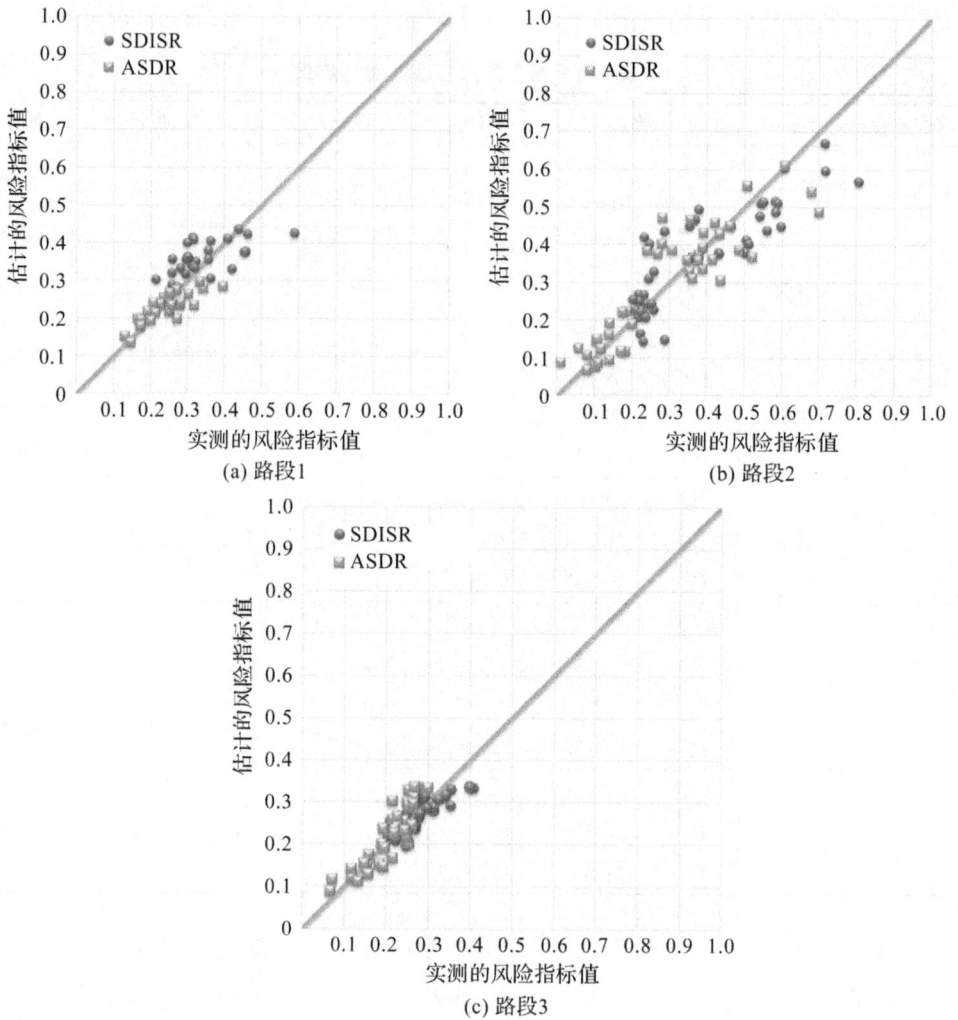

图 6.5 不同调查地点实测与估计的风险指标值对比

表 6.5 回归模型估计结果的误差

路段	风险指标	R^2	RMSE	MAPE
1	SDISR	0.629	0.0666	16.67%
	ASDR	0.822	0.0391	11.61%
2	SDISR	0.857	0.0901	18.52%
	ASDR	0.886	0.0799	18.98%
3	SDISR	0.850	0.0310	8.85%
	ASDR	0.880	0.0379	16.29%

6.5　本章小结

　　混合自行车交通流安全风险评估与影响因素分析是进行非机动车道规划设计与安全管理的前提。本章在分析混合自行车交通流速度离散性的基础上,提出了混合自行车交通流安全风险评价指标,并采用方差分析方法分析了各种因素对风险指标的定量影响,采用广义线性模型构建了风险指标影响因素的回归模型。实测数据表明,该模型具有很好的预测精度与实用性。

第7章 路段自行车限速阈值优化模型

我国对普通自行车和电动自行车的限速采用相同的标准,这在一定程度上导致了大量的电动自行车超速行为。一方面,电动自行车的高速行驶行为有利于提高非机动车道的通行能力;另一方面,电动自行车的超速行为也会带来严重的安全隐患。本章将从实际数据统计分析入手,研究影响自行车超速行为的相关因素,并构建路段自行车限速阈值的优化模型,为制定自行车交通管理的相关法规政策提供理论依据与基础。

7.1 自行车限速阈值概述

7.1.1 自行车的违法行为

自行车的许多非安全行为(如超速、载人载物、闯红灯、不戴安全帽、逆行等)与冲突风险存在较强的相关性。而其中超速行为是一种比较常见的违法行为,特别是对于具有较强动力性能和较高运行速度的电动自行车来说,其冲突风险和伤害的严重性要比普通自行车高得多。因此,深入分析混合自行车,特别是电动自行车的超速行为及其影响因素就显得尤为迫切。

7.1.2 自行车限速的法律依据

我国的道路交通安全法将电动自行车定性为非机动车,与普通自行车共同使用非机动车道,最高速度不大于 15 km·h^{-1}。《电动自行车安全技术规范》(GB 17761—2018)规定,电动自行车设计最高速度不大于 25 km·h^{-1}。一旦电动自行车超出了规定的速度和质量,就会被认定为机动车。然而,电动自行车超速违法行为存在取证难、执法难的问题,实际调查结果表明,电动自行车运行速度往往在 $20 \sim 35$ km·h^{-1},部分车辆甚至超过 50 km·h^{-1},大大高于道路交通安全法规定的 15 km·h^{-1} 限速。造成这种普遍存在的超速行为的主要原因大致如下:第一,电动自行车的性能越来越强,生产商虽强制安装了限速装置,但使用者往往通过改装解除限速;第二,电动自行车的使用者往往都是中低收入者,电动自行车承担了较大比例的通勤出行需求,因此要求其具有较快的运行速度;第三,针对电动自行车的道路设施不够完善,标志标线、专用车道等都不能很好地满足自行车的需求,导致部分电动自行车在机动车道运行。

表 7.1 给出了不同国家关于电动自行车的法律规定,从中可以看出,中国拥有最多的电动自行车,且对电动自行车管理的法律规定最为严格。这主要是由于中国存在大量的混合自行车交通流运行情况,自行车之间相互干扰严重,穿越行为和超速行为时有发生,交通安全风险较为严重。

表 7.1　不同国家关于电动自行车的法律规定

国家或地区	速度限制/(km·h^{-1})	功率限制/W	质量限制/kg	骑行人最低年龄限制/岁
澳大利亚	25	250	无	无
加拿大	32	500	无	12
中国	25	400	55	12
欧盟	27.5	250	无	无
印度	25	250	无	无
瑞士	45	350	无	无
以色列	25	250	30	14
新西兰	无	300	无	无
英国	24.1	200	40	14
美国	32	750	无	无

目前,相关理论与实践研究主要是针对机动车限速的,针对自行车限速的研究较为缺乏。因此,本章主要通过对混合自行车交通流超速行为的分析,确定了超速行为的影响因素,并提出了混合自行车交通流限速阈值制定的理论依据,以期为混合自行车交通流的安全管理提供依据。

7.2　自行车超速行为特性

本研究收集了 11 个调查地点混合自行车交通流的速度数据，这里采用三种自行车的限速阈值（15,20,25 km•h^{-1}）来分析其超速行为比例。表 7.2 给出了不同限速阈值下的自行车超速比例。从中可以得到如下结论。

（1）随着非机动车道宽度的增加，自行车超速比例迅速增加。当限速阈值设置为 20 km•h^{-1} 时，调查地点 1～4（车道宽度小于 3 m）的自行车超速比例在 10% 左右，而其他调查地点（车道宽度大于 3.5 m）的自行车超速比例基本超过 30%。过宽的非机动车道大大减少了自行车的侧向干扰与摩擦，电动自行车能够随意超越慢行的普通自行车，使得混合自行车交通流的整体运行速度更快。对于车道宽度较窄的非机动车道，虽然电动自行车运行速度较快，但是受到车道宽度的制约，普通自行车的运行速度制约了混合自行车交通流的整体运行速度。

（2）当限速阈值设置为 15 km•h^{-1} 时，普通自行车、轻型电动自行车和摩托电动自行车的超速比例分别为 37.2%,64.4% 和 68.6%。总体上看，混合自行车的超速比例接近 60%。这说明，大部分自行车的运行速度都超过了 15 km•h^{-1}，道路交通安全法规定的限速阈值在实际中无法有效执行。

（3）当限速阈值设置为 20 km•h^{-1} 时，仅有 5.7% 的普通自行车超过了限速阈值。然而，仍然有超过 30% 的电动自行车是超速行驶的。这说明，20 km•h^{-1} 的限速对于普通自行车来说是较为合适的，但大量电动自行车运行在超速区间内，对非机动车道的整体交通安全性会产生较大的影响。

（4）当限速阈值设置为 25 km•h^{-1} 时，仅有 0.5% 的普通自行车超速，而轻型电动自行车和摩托电动自行车的超速比例分别为 6.5% 和 11.5%。这说明仍有大量的电动自行车运行速度超过 25 km•h^{-1}。

从上述结果可以看出，我国规定的自行车限速阈值（15 或 20 km•h^{-1}）与实际自行车的交通运行状况存在较大的差距，自行车的超速行为在我国较为普遍。因此，需要对这种普遍的超速行为进行深入研究，探究其发生的本质原因，为交通安全的改善、自行车限速管理政策的制定提供依据。

表 7.2　不同限速阈值下的自行车超速比例

调查地点	限速 15 km·h⁻¹				限速 20 km·h⁻¹				限速 25 km·h⁻¹			
	RB	BSEB	SSEB	合计	RB	BSEB	SSEB	合计	RB	BSEB	SSEB	合计
1	18.3%	41.1%	42.1%	34.4%	1.8%	14.1%	14.5%	10.5%	0.1%	1.1%	2.3%	1.4%
2	14.3%	34.4%	36.4%	28.9%	0.6%	7.8%	12.0%	7.6%	0.0%	1.6%	1.9%	1.3%
3	15.2%	41.7%	48.4%	33.9%	1.2%	10.0%	17.1%	9.6%	0.0%	1.3%	1.8%	1.0%
4	22.5%	44.3%	47.2%	39.4%	2.8%	15.7%	20.1%	14.3%	0.2%	0.7%	3.9%	2.3%
5	30.6%	59.5%	55.4%	45.4%	5.8%	31.1%	31.3%	20.1%	0.8%	7.4%	11.2%	5.9%
6	54.6%	83.5%	85.0%	74.5%	8.8%	42.4%	52.1%	35.6%	0.7%	9.0%	15.6%	9.3%
7	64.5%	84.8%	89.4%	78.5%	12.2%	45.8%	58.5%	37.7%	0.8%	7.9%	16.7%	9.0%
8	25.5%	58.8%	62.7%	53.5%	3.8%	28.4%	33.8%	26.0%	0.5%	6.5%	10.4%	7.4%
9	47.1%	70.1%	78.0%	68.9%	6.0%	34.1%	42.4%	31.7%	0.2%	7.5%	12.8%	8.8%
10	48.9%	76.2%	78.9%	69.0%	6.4%	37.4%	47.9%	33.2%	0.5%	6.8%	17.1%	10.2%
11	50.2%	81.5%	83.8%	76.9%	8.8%	44.4%	50.1%	41.3%	1.3%	11.8%	16.1%	12.6%
合计	37.2%	64.4%	68.6%	58.5%	5.7%	30.8%	38.1%	27.2%	0.5%	6.5%	11.5%	7.4%

7.3　自行车超速行为影响因素分析

7.3.1　混合 Logisitic 回归模型

通过上一节的分析可知,由于自行车的超速行为是普遍存在的,探究影响自行车超速的关键因素就成为一个重要的问题。因此,本节将定量分析影响自行车超速的关键因素,为制定合理的自行车超速管理政策奠定基础。

本章主要采用混合 Logistic 回归(mixed logistic regression)模型进行超速行为影响因素的分析。混合 Logistic 回归模型是一种广泛使用的广义的线性回归分析模型,常用于数据挖掘、疾病自动诊断、经济预测等领域。

在进行混合 Logistic 回归分析之前,需要对混合自行车的超速行为及其各种影响因素进行二值化。本次研究设定自行车限速阈值为 20 km·h⁻¹,这样就可以将所有自行车划分为是、否超速两类。其他影响因素的二值化分类如表 7.3 所示。

在混合 Logistic 回归模型中,主要使用 *OR*(odds ratio)值和 95% 的置信区间(confidence interval, CI)进行超速行为影响因素的分析。*OR* 是相对危险度,又称比值比。*OR*=1,表示该因素对超速行为的发生不起作用;*OR* 大于 1,表示该因素是一个危险因素,将导致超速行为的发生;*OR* 小于 1,表示该因素是一个保护因素,将减少超速行为的发生。95％置信区间是指在 0.05 的显著性水平下 OR 值的置信区间。

表 7.3　超速行为及其影响因素变量的二值化分类

观测变量	类别
是否超速	大于 20 km·h^{-1} 或小于等于 20 km·h^{-1}
自行车流量	低（<500 辆·h^{-1}·m^{-1}）
	中（500～1000 辆·h^{-1}·m^{-1}）
	高（>1000 辆·h^{-1}·m^{-1}）
自行车类型	普通自行车
	轻型电动自行车
	摩托电动自行车
骑行人性别	男性或女性
骑行人年龄	青年（0～39 岁）
	中年（40～60 岁）
	老年（>60 岁）
载人	是或否
载物	是或否

7.3.2　结果分析

混合 Logisitic 回归的结果如表 7.4 所示。从表中可以看出,超速影响因素会随着调查地点的不同而变化。自行车交通流量因素是所有调查地点自行车超速行为的显著性影响因素（OR 值为 1.59～7.72）。同样地,自行车类型也是所有调查地点自行车超速行为的显著性影响因素,其中 BSEB 的 OR 值为 6.73～12.97,SSEB 的 OR 值为 6.65～20.28。与此相反,青年骑行人因素仅在调查地点 5,7,9,10 和 11 是显著性影响因素,且 OR 值较低（OR 值分别为 2.14,2.51,2.79,1.94及 1.56）,说明影响程度不高。载人因素在调查地点 2,4,7,8 和 11 的 OR 值显著降低（0.31,0.54,0.19,0.49 及 0.66）,说明在这些地点载人因素能够显著地减少自行车的超速行为。

对所有调查地点而言,低流量因素是超速行为的显著性影响因素。相较于中高流量状态,在低自行车流量条件下,自行车超速行为发生的概率要高出 1.59～7.72 倍。同时,在六个调查地点,中等流量因素也是导致自行车超速的关键因素（OR 值为 1.60～3.61）,而在另外五个调查地点没有显著性影响。随着自行车流量的增加,车辆之间相互干扰增加,特别是普通自行车对电动自行车产生了阻碍作用,从而导致整体混合自行车交通流的超速行为迅速减少。

表 7.4　超速样本的混合 Logisitic 回归结果

地点	参数	自行车流量			自行车类型			性别		年龄			载人载物	
		低	中	高	BSEB	SSEB	RB	男性	女性	青年	中年	老年	载人	超尺寸
1	OR	2.45	1.60		9.54	8.68		1.70		1.64	1.56		0.76	0.67
	95% CI	1.91~3.15	1.41~1.82	相关的	7.22~12.59	6.72~11.23	相关的	1.48~1.97	相关的	1.12~2.40	1.04~2.35	相关的	0.61~0.95	0.49~0.91
	P值	0.000	0.000		0.000	0.000		0.000		0.199	0.271		0.209	0.197
2	OR	6.72	3.61		12.97	20.28		1.80		1.91	1.61		0.31	0.64
	95% CI	5.49~8.22	3.02~4.31	相关的	8.30~20.28	13.32~30.86	相关的	1.52~2.13	相关的	1.12~3.27	0.93~2.78	相关的	0.22~0.44	0.44~0.94
	P值	0.000	0.000		0.000	0.000		0.001		0.229	0.385		0.001	0.248
3	OR	2.63	2.38		10.18	16.89		2.05		1.39	1.00		0.62	0.90
	95% CI	2.25~3.08	2.05~2.75	相关的	7.06~14.68	12.28~23.22	相关的	1.71~2.45	相关的	1.11~1.75	0.79~1.27	相关的	0.44~0.87	0.66~1.24
	P值	0.000	0.000		0.000	0.000		0.000		0.145	0.994		0.156	0.746
4	OR	2.89	1.46		7.86	9.22		1.62		0.89	0.95		0.54	0.47
	95% CI	2.45~3.42	1.30~1.64	相关的	6.30~9.81	7.59~11.21	相关的	1.45~1.80	相关的	0.73~1.08	0.78~1.17	相关的	0.41~0.72	0.33~0.67
	P值	0.000	0.001		0.000	0.000		0.000		0.558	0.806		0.031	0.037
5	OR	5.20	0.98		6.73	6.65		1.51		2.14	1.68		0.81	1.14
	95% CI	4.49~6.03	0.85~1.13	相关的	5.76~7.85	5.81~7.62	相关的	1.36~1.69	相关的	1.63~2.83	1.26~2.25	相关的	0.68~0.95	0.91~1.43
	P值	0.000	0.898		0.000	0.000		0.000		0.006	0.074		0.202	0.563
6	OR	3.87	0.89		8.64	11.31		1.64		1.37	1.38		0.81	0.65
	95% CI	3.38~4.44	0.83~0.94	相关的	7.38~10.11	9.87~12.96	相关的	1.48~1.82	相关的	1.13~1.66	1.13~1.68	相关的	0.70~0.94	0.50~0.84
	P值	0.000	0.91		0.000	0.000		0.000		0.103	0.104		0.160	0.096
7	OR	3.24	1.37		8.67	11.07		2.12		2.51	2.05		0.19	0.41
	95% CI	2.52~4.15	1.07~1.76	相关的	7.47~10.07	9.92~12.36	相关的	1.92~2.35	相关的	1.87~3.36	1.51~2.77	相关的	0.15~0.26	0.33~0.52
	P值	0.000	0.198		0.000	0.000		0.000		0.002	0.018		0.000	0.000

续表

地点	参数	自行车流量			自行车类型			性别		年龄			载人载物	
		低	中	高	BSEB	SSEB	RB	男性	女性	青年	中年	老年	载人	超尺寸
8	OR	5.48	1.57	相关的	12.17	13.92	相关的	1.75	相关的	1.50	1.36	相关的	0.49	0.69
	95% CI	4.17~7.20	1.22~2.03		9.83~15.08	11.42~16.96		1.60~1.92		1.18~1.91	1.06~1.74		0.42~0.58	0.52~0.91
	P值	0.000	0.077		0.000	0.000		0.000		0.087	0.212		0.000	0.176
9	OR	1.59	1.57		8.44	10.64		1.83		2.79	2.16		1.22	0.84
	95% CI	1.42~1.78	1.22~2.03		6.79~10.48	8.84~12.80		1.60~2.10		2.03~3.83	1.55~2.99		0.90~1.66	0.71~0.99
	P值	0.000	0.125		0.000	0.000		0.000		0.001	0.019		0.508	0.296
10	OR	7.72	2.18		11.47	13.31		1.68		1.94	1.78		0.67	0.68
	95% CI	6.64~8.99	1.89~2.53		9.99~13.16	11.83~14.97		1.55~1.82		1.68~2.24	1.52~2.08		0.55~0.83	0.59~0.79
	P值	0.000	0.000		0.000	0.000		0.000		0.000	0.000		0.059	0.010
11	OR	3.08	2.01		9.89	11.27		1.61		1.56	1.14		0.66	0.82
	95% CI	2.70~3.50	1.91~2.10		8.93~10.95	10.31~12.33		1.53~1.69		1.39~1.76	1.01~1.29		0.61~0.71	0.74~0.91
	P值	0.000	0.000		0.000	0.000		0.000		0.000	0.265		0.000	0.047

自行车类型因素与超速行为显著相关。从表 7.4 中可以看出,与普通自行车相比,电动自行车超速行为发生的概率增加了 10 倍左右。对轻型电动自行车和摩托电动自行车来说,最大的超速风险因素值(OR 值)分别是调查地点 1 的 12.97（95％CI 为 8.30～12.59）及调查地点 2 的 20.28（95％CI 为 13.32～30.86）。这主要是因为电动自行车相比于普通自行车具有更强的动力,相关结论也已经被许多学者证实。

一般而言,由于受到体力和生理因素的影响,男性骑行人会比女性骑行人具有更快的速度。从混合 Logisitic 回归的结果来看,所有调查地点的男性骑行人因素都是超速行为的显著性影响因素(OR 值为 1.51～2.12）。相比于自行车类型因素,男性骑行人因素的 OR 值要小很多。

对于大多数调查地点来说,没有显著的证据表明年龄和是否载人载物因素是影响自行车超速行为的关键因素。仅有部分调查地点的青年或中年骑行人因素会显著地增加超速风险,而载人载物因素会显著地减少超速风险。

7.4　自行车限速阈值建模

7.4.1　限速阈值特性分析

交通流的限速阈值是一个重要的安全与效率指标。一方面,限速的提高有利于提高道路通行能力与运行效率;另一方面,限速的提高会导致交通安全风险的增加。机动车道路设计速度、运行速度与设置限速,以及限速与其他一些影响因素的相关关系一直是交通工程领域研究的重要方向。目前,关于机动车交通流的限速研究也取得了许多成果。

一般而言,85％分位速度广泛地被用来作为道路的设计限速阈值。本节通过分析 85％分位速度与影响因素的相关关系,为建立自行车交通流的限速阈值优化模型奠定了基础。

图 7.1 给出了四种不同条件下 11 个调查地点混合自行车交通流 85％分位速度。这四种条件分别为自行车类型、骑行人性别、骑行人年龄,以及骑行人是否载人载物。从图中可以得到如下结论。

（1）调查地点 1～4（车道宽度小于 3 m）的 85％分位速度显著地低于调查地点 5～11（车道宽度大于 3 m）的速度。随着道路宽度的增加电动自行车的侧向干扰显著减少,电动自行车的动力性能能够得到更大程度的发挥。非机动车道宽度对混合自行车的限速阈值起到了决定作用。

(2)所有调查地点普通自行车的 85% 分位速度都小于 $20 \ \mathrm{km \cdot h^{-1}}$,而大部分地点电动自行车的 85% 分位速度都大于 $20 \ \mathrm{km \cdot h^{-1}}$。电动自行车 85% 分位速度普遍比普通自行车高出 $5 \ \mathrm{km \cdot h^{-1}}$ 左右。

(3)所有调查地点的男性及青年骑行人 85% 分位速度比其他类型骑行人高出约 $2 \ \mathrm{km \cdot h^{-1}}$,差距不是非常明显。

(4)骑行人载人或载物行为并没有显著地影响混合自行车交通流的 85% 分位速度。

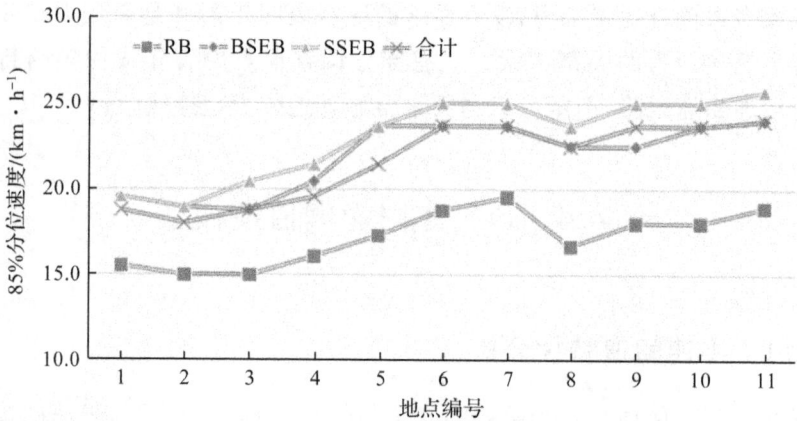

(a) 自行车类型

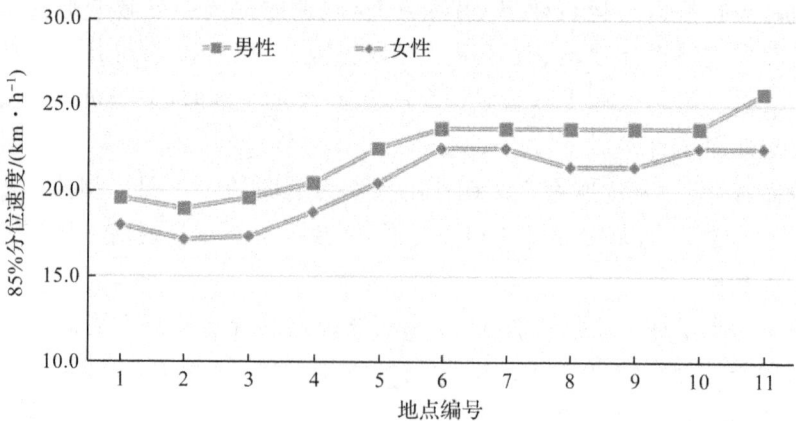

(b) 骑行人性别

(c) 骑行人年龄

(d) 载人载物情况

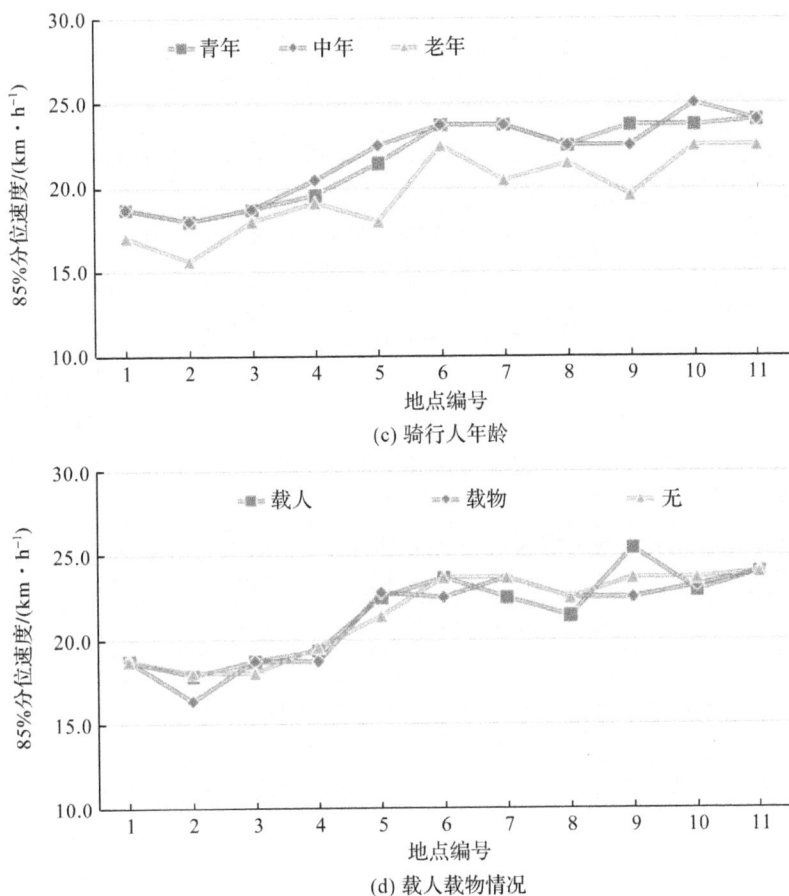

图 7.1　不同情况下混合自行车交通流 85％分位速度

7.4.2　回归模型建立

为了分析自行车限速阈值与多种影响因素之间的关系,采用多元逐步回归的方法构建自行车 85％分位速度模型,并采用该模型确定不同类型的自行车的限速阈值。

本次研究按照五分钟采样间隔对 11 个调查地点的自行车数据进行统计。在每个采样间隔内,可以计算得到自行车标准流量(q_{sb})、轻型电动自行车比例(P_{BSEB})、摩托电动自行车比例(P_{SSEB})、男性骑行人比例(P_m)、青年骑行人比例(P_y)、中年骑行人比例(P_{ma})、骑行人载人比例(P_{cp}),以及骑行人载物比例(P_{cc})这八个参数。在同时考虑非机动车道宽度后,九个自变量的自行车 85％分位速度的逐步回归模型如下所示：

$$v_{85} = a + b_1 W + b_2 q_{sb} + b_3 P_{BSEB} + b_4 P_{SSEB} + b_5 P_m + b_6 P_y + b_7 P_{ma} + b_8 P_{cp} + b_9 P_{cc}$$

$$(7.1)$$

式中，v_{85} 为估计的不同类型自行车 85% 分位速度；W 为非机动车道宽度(m)；a 及 $b_1 \sim b_9$ 分别为待标定的回归模型参数。

由于混合自行车中包括了各种不同类型的自行车，因此自行车标准流量需要通过下式计算得到：

$$q_{sb} = q_b(1 - P_{BSEB} - P_{SSEB}) + q_b(P_{BSEB} + P_{SSEB})f_{BUE} \qquad (7.2)$$

式中，q_b 为观测的自行车流量(辆·h^{-1}·m^{-1})；f_{BUE} 为电动自行车对普通自行车的换算系数；根据前期研究成果，换算系数 f_{BUE} 这里可以取 0.66。

通过逐步回归模型计算得到了三种不同类型自行车及所有自行车的 85% 分位速度回归模型及其相关性系数，如下所示：

$$v_{85RB} = 15.39 + 1.13W - 0.0029q_{sb}, \quad R^2 = 0.321 \qquad (7.3)$$

$$v_{85BSEB} = 15.74 + 2.20W - 0.0039q_{sb} + 8.58P_{BSEB}, \quad R^2 = 0.491 \qquad (7.4)$$

$$v_{85SSEB} = 16.89 + 2.36W - 0.0050q_{sb} + 2.84P_{BSEB} + 9.18P_{SSEB}, \quad R^2 = 0.645$$

$$(7.5)$$

$$v_{85TOTAL} = 11.79 + 2.10W - 0.0047q_{sb} + 7.47P_{BSEB} + 11.19P_{SSEB}, \quad R^2 = 0.698$$

$$(7.6)$$

式中，v_{85RB}，v_{85BSEB}，v_{85SSEB} 及 $v_{85TOTAL}$ 分别为普通自行车、轻型电动自行车、摩托电动自行车及所有自行车的 85% 分位速度。

7.4.3　结果分析

从式(7.3)~(7.6)中可以看出，非机动车道宽度和自行车标准流量是所有四个模型的显著性影响因素。随着车道宽度的增加，限速阈值也随之增加；而随着标准流量的增加，限速阈值有减小的趋势。相比于普通自行车和轻型电动自行车，摩托电动自行车 85% 分位速度回归模型中车道宽度和流量的系数要大一些。这主要是因为，摩托电动自行车具有更强的动力和更高的速度，车道宽度和标准流量会对其速度变化产生更大的影响。

从回归结果可以看出，电动自行车的比例未对普通自行车的 85% 分位速度产生显著影响。从自行车类型这一因素来说，只有轻型电动自行车的比例会对轻型电动自行车的 85% 分位速度产生显著影响；但是轻型电动自行车和摩托电动自行车的比例都会对摩托电动自行车和所有自行车的 85% 分位速度产生显著影响。

另一有趣的发现是性别、年龄及载人载物等因素都不会对 85% 分位速度产生显著影响。这主要是因为 85% 分位速度,能够消除相关因素的干扰,更加准确地描述自行车自由流速度特性。

图 7.2 给出了实际观测统计得到的 85% 分位速度和回归模型计算得到的 85% 分位速度的散点对比图。从图中可以看出,对所有类型的自行车来说,模型估计值和观测值都具有很好的一致性。结果表明该回归模型能够有效地应用于自行车限速阈值的估计。

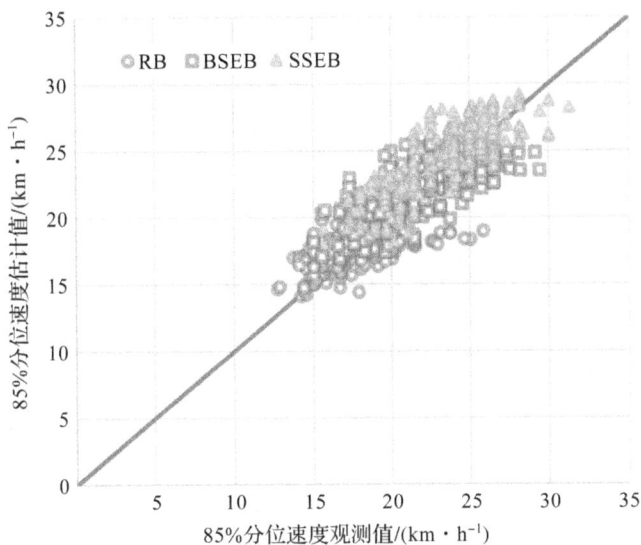

图 7.2　实际观测所得和模型估计所得 85% 分位速度散点对比

7.4.4　限速阈值确定

自行车的限速阈值是指在自由流状态下的 85% 分位速度。在上述回归模型中可以假设标准流量为 0,通过式(7.3)~(7.6)就可以得到不同类型自行车的限速阈值。在式(7.4)中,轻型电动自行车比例设置为 1;在式(7.5)中,轻型电动自行车比例设置为 0,摩托电动自行车比例设置为 1;在式(7.6)中,轻型电动自行车和摩托电动自行车的比例按照实测样本的比例确定。这样就可以得到非机动车道宽度与自行车限速阈值的关系曲线(见图 7.3)。从图中可以得到如下重要的结论。

(1)由于普通自行车都是人力骑行的,车道宽度的增加对其限速阈值没有明显的影响。因此,对普通自行车而言,原来的限速阈值(15 或 20 km·h⁻¹)是合理的。

（2）对于两类电动自行车而言，其在不同车道宽度下的速度差异性很小，在进行交通规划设计与安全管理时，可以作为一种对象统一进行管理。当车道宽度达到 4 m 时，电动自行车的限速阈值接近 35 km·h⁻¹。因此，车道宽度是影响电动自行车限速阈值确定的关键因素。根据模型计算结果，在非机动车道宽度小于 3 m 时，推荐电动自行车限速阈值为 25～30 km·h⁻¹；在非机动车道宽度大于 3 m 时，推荐电动自行车限速阈值为 30～35 km·h⁻¹。

（3）对于混合运行的非机动车道，对电动自行车设置更高的限速阈值会导致电动自行车和普通自行车之间更大的速度差和更多的车辆穿越行为，这会导致交通安全风险增加。因此，从实际数据分析结果看，在非机动车道宽度小于 3 m 时，仍维持原有的混合自行车限速阈值（20 km·h⁻¹）；在非机动车道宽度大于 3 m 时，建议提高混合自行车限速阈值至 25 km·h⁻¹。

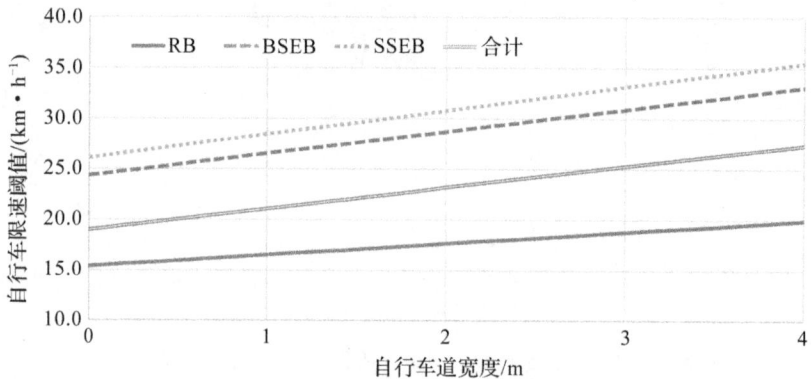

图 7.3　不同车道宽度下的限速阈值

7.5　本章小结

针对机动车的限速管理措施能够有效地降低噪声并提升交通流的安全性，本章通过实际调查数据分析了不同限速条件下各种类型自行车的超速行为。采用混合 Logistic 回归模型定量分析了自行车超速行为的影响因素，在此基础上，建立了 85% 分位速度与影响因素之间的回归模型，并采用该模型确定了不同类型自行车的限速阈值。上述研究结论将为改进非机动车道限速管理、制定混合自行车运行的相关法律法规提供理论基础。

第8章 混合自行车交通流安全评估

混合自行车交通流的特性复杂,交通安全隐患突出,一直以来都是城市交通管理的难点和痛点。因此,对混合自行车特别是电动自行车交通安全进行分析,并提出电动自行车的交通安全管理对策,既具有重要的理论意义和现实价值,也可为完善道路交通安全法提供有效依据。

8.1 电动自行车交通事故特性分析与管理对策

8.1.1 电动自行车交通事故时空特征

8.1.1.1 交通事故统计

电动自行车交通事故数据来自杭州市萧山区新塘街道辖区内自2015年6月1日零时至2016年5月31日24时的简易程序处理事故和一般程序处理事故。其中,简易程序处理事故1091起,一般程序处理事故21起。一年内该区域涉及电动自行车交通事故的接警量为4427起,占接处警总量的26%。这说明涉及电动自行车的交通事故处于高发状态。目前,由于电动自行车轻摩化现象严重,超标的电动自行车无法按照非机动车进行上牌和管理,给交通肇事逃逸案件及盗窃电动自行车案件的侦破带来了较高难度。

交通事故数据库中包括事故发生的时间、天气、地点、案发原因、人员伤亡及财产损失情况、损失程度、事故责任、事故类型、电动自行车骑行人年龄、性别等相关数据。通过对上述各类因素的分析,可以对涉及电动自行车的交通事故的原因进行深度探究,为交通事故预防提供借鉴意义。

8.1.1.2 空间分布特征

杭州市萧山区新塘街道辖区东至东复线,南至来娘线,西至市心路,北至金城路,总面积 34.8 平方公里,现有常住人口 6.5 万,在册外来人口约 14 万。辖区位于城乡接合部,外来务工人口基数大,且部分人的出行基本依靠电动自行车。因而,辖区内电动自行车保有量大,在早晚高峰车流量大时,电动自行车与其他社会车辆的交通冲突严重,交通安全形势严峻。新塘街道辖区事故多发地主要集中于辖区中心地带三条主干道,塘湄线的事故量占事故总量的 15.16%,萧明线占事故总量的 12.25%,南秀路占事故总量的 11.24%。

道路交叉口由于交通冲突点多、车流量大、电动自行车违章行为突出,一般是交通事故的高发区。一年内简易事故发生次数超过 20 起的道路交叉口有五个,其中萧绍东路与新城路交叉口简易事故达到了 32 起,占总量的 2.93%。辖区内主要道路交叉口事故比例如图 8.1 所示。

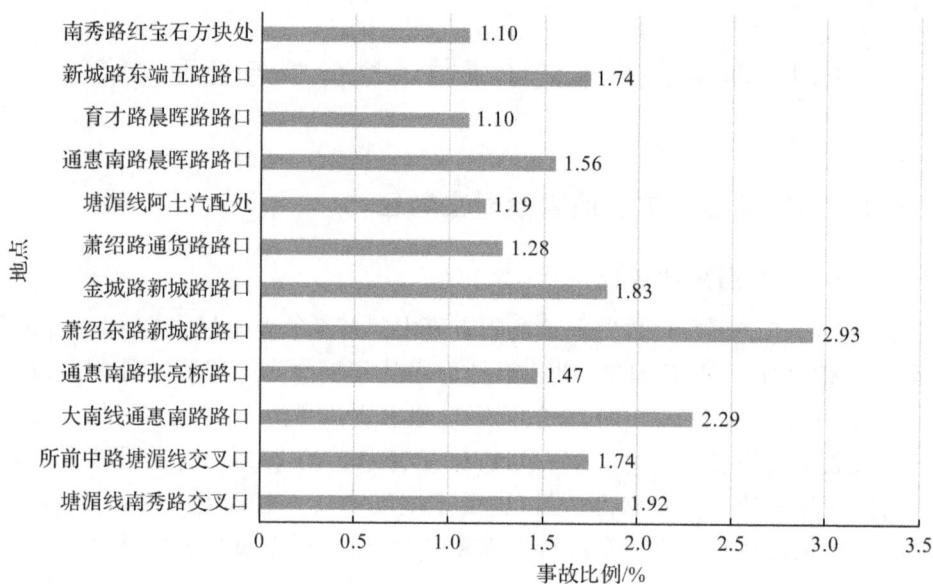

图 8.1　辖区内主要道路交叉口事故比例

8.1.1.3 时间分布特征

下面从月份和每日时间段分析电动自行车交通事故的时间分布特性。图 8.2 给出了不同月份事故量的占比,交通事故量自 2015 年 6 月至 2015 年 12 月呈递增趋势,在 2016 年 1~2 月有明显的下降趋势,在 2016 年 3 月出现了大幅度增长。这主要跟流动人口春节返乡及回杭务工关系密切。

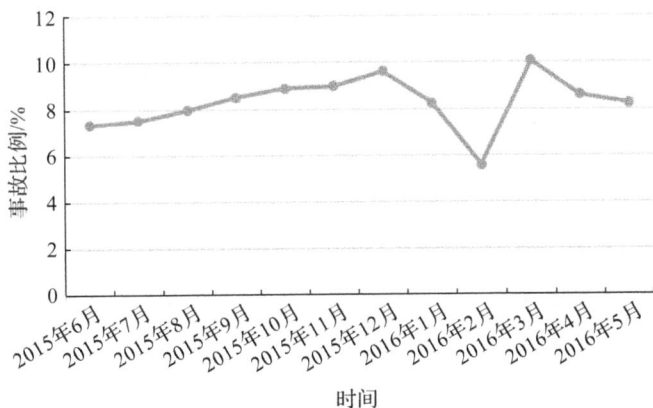

图 8.2　不同月份电动自行车事故比例

如图 8.3 所示,电动自行车交通事故每日时间段的分布呈现双峰现象,与交通出行需求时间分布特性基本一致,流量的急剧增加带来了交通事故的快速增长。在简易程序处理事故中,6~8 时及 16~18 时发生的交通事故比例最大;在一般程序处理事故中,8~10 时、14~16 时及 18~20 时发生的交通事故比例最大。在一般程序处理的事故中,0~2 时及 4~6 时的事故量比例远大于简易程序处理事故中同时间段的事故比例,主要是因为这个时间段内存在骑行人疲劳驾驶、未开车灯、酒后驾驶、闯红灯等违法行为,事故比例急剧增加。

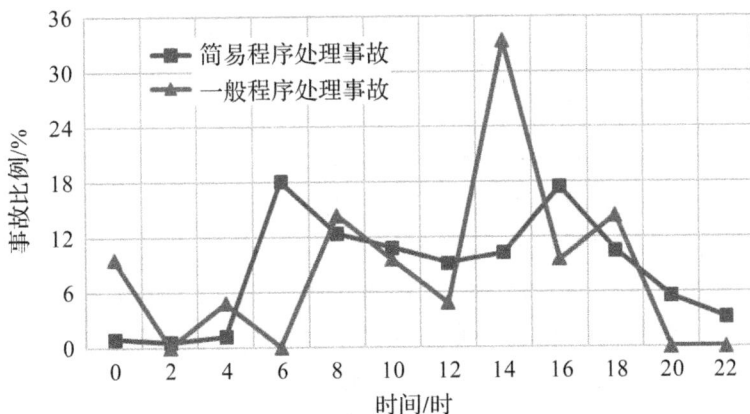

图 8.3　不同时间段电动自行车事故比例

8.1.2 电动自行车交通事故统计特性分析

本部分分别从年龄、性别、事故类型和违法行为这四方面分析电动自行车交通事故的统计特性。

8.1.2.1 年龄

随着年龄的增长，驾驶员的反应时间、认知能力、操作能力等都呈现下降趋势，发生危险紧急事件时，无法快速做出正确判断与操作。图 8.4 给出了不同年龄段交通事故比例分布，从中可以看出，20～60 岁年龄段的交通事故比例较大，这与电动自行车骑行人的主要群体分布是密切相关的。一般程序处理的事故与简易程序处理的事故对比显示，50～60 岁及 70～80 岁这两个年龄段骑行人发生的事故中，伤亡事故的比例较大。

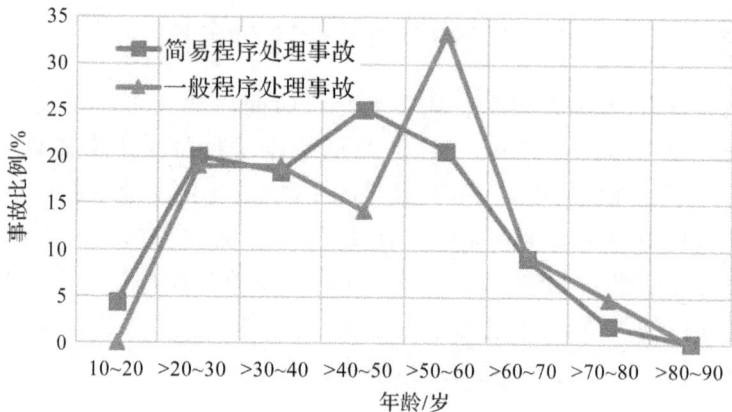

图 8.4　不同骑行人年龄段的事故比例

8.1.2.2 性别

通过对事故中性别比例的分析可以看出，在简易程序处理的事故中，男性骑行人占 58.39%，女性骑行人占 41.61%，男女之比约为 3∶2；在一般程序处理的事故中，男性骑行人占 85.71%，女性骑行人占 14.29%，男女之比约为 6∶1。在简易程序处理的事故与一般程序处理的事故中，男女所占比例相差较大，在一般程序处理的事故中男性骑行人的概率远大于女性。这主要是因为男性骑行人相较于女性骑行人冒险心理更强，缺乏对交通规则的敬畏心理，其闯红灯、越线停车、争抢道路、频繁超车等违法行为比例也相对较高，导致其在一般程序处理事故中的比例偏高。

8.1.2.3　事故类型

图 8.5 给出了不同事故类型的比例。其中,电动自行车与机动车的事故占比接近 80%,是涉及电动自行车交通事故的主要类型。其次,电动自行车与电动自行车的事故比例也较高,这主要是由于电动自行车运行速度较快,相互超车或交会时容易发生剐蹭、碰撞等。为降低事故量,应当以电动自行车与机动车的事故及电动自行车与电动自行车的事故为抓手进行重点整治。

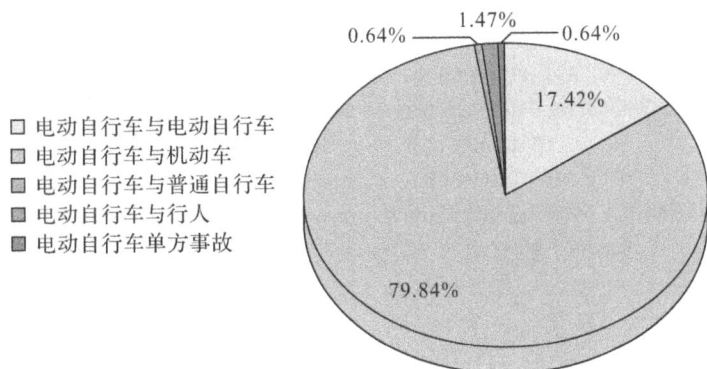

图 8.5　事故类型比例图

8.1.2.4　违法行为

交通事故的发生往往与驾驶员的违法行为息息相关。图 8.6 为简易程序处理事故中电动自行车骑行人违法行为的比例。其中,非机动车逆向行驶,驾驶电动自行车违反规定载人,非机动车未在非机动车道内行驶,非机动车不靠车行道右侧行驶,转弯的非机动车不让直行的车辆、行人优先通行,以及非机动车不按照交通信号规定通行这六项违法行为占比较高,是电动自行车发生交通事故的主要原因。

8.1.3　电动自行车交通管理的对策建议

针对电动自行车在骑行人年龄、性别,事故类型和违法行为这四方面所表现出的统计特性及交通事故的时空分布特性,本研究提出了电动自行车交通事故预防的相关对策建议。

8.1.3.1　加强电动自行车的源头管理

《电动自行车安全技术规范》(GB 17761—2018)和《电动摩托车和电动轻便摩

驾驶电动自行车遇行人横过道路时，未减速避让 1.1
非机动车向左转弯时不靠路口中心点右侧转弯 0.5
非机动车超车时妨碍被超载的车辆行驶 1.3
夜间低能见度驾驶电动自行车未开启照明灯光 0.8
非机动车转弯时未减速慢行，伸手示意，突然猛拐 0.3
无控制的路口不让右方道路的来车先行 1.8
转弯的非机动车不让直行的车辆、行人优先通行 4.1
醉酒驾驶非机动车 0.3
驾驶电动自行车在路段上横过机动车道时不下车推行 1.4
非机动车遇停止信号时，未停在停止线以内或路口内 1.0
非机动车未在非机动车道内行驶 6.0
非机动车逆向行驶 11.3
驾驶电动自行车违反规定载人 8.7
非机动车不按照交通信号规定通行 3.6
非机动车不靠车行道右侧行驶 5.5

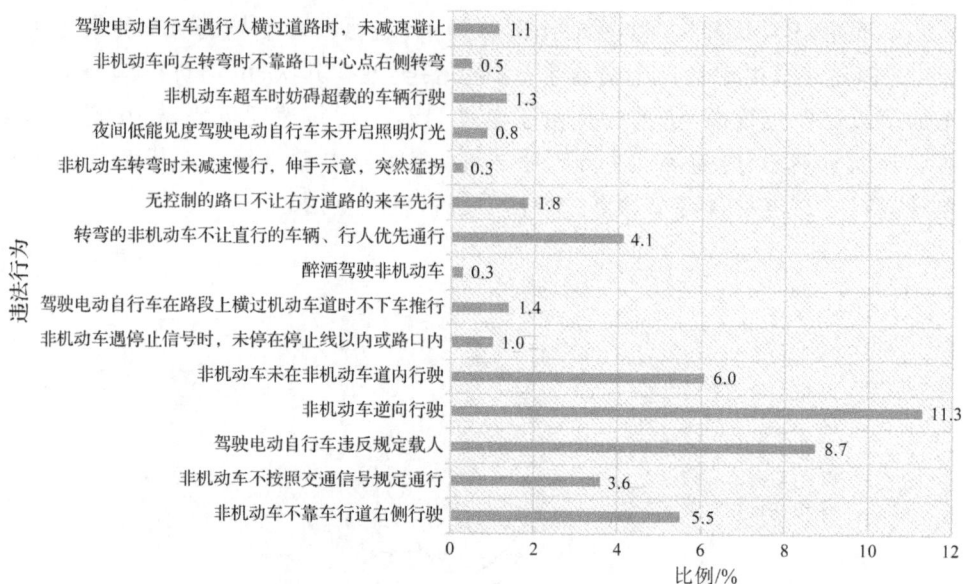

图 8.6　简易程序处理事故中电动自行车骑行人违法行为比例

托车安全要求》(GB 24155—2020)已经划清了电动自行车与电动摩托车相关参数的界限，前者属于非机动车，后者属于机动车，但是鲜有电动自行车企业按要求生产合格的电动自行车。因此，建议由地方政府牵头，联动工商、质监、公安交管等部门，从电动自行车的生产、销售、落户、回收各阶段对电动自行车行业进行源头监管，确保每辆电动自行车都有唯一的编号。相关部门可以对生产超标电动自行车的企业进行行政处罚。

8.1.3.2　有效管理现有超标电动自行车

目前，我国的电动自行车保有量已经超过 3 亿辆，其中超标电动自行车占了很大比例，如果直接全部取缔这些超标车辆将会面临巨大阻力。交通管理部门一方面应鼓励群众对现有未超标电动自行车进行登记并发放牌照，另一方面应加强交警日常检查力度，对路上未注册登记上牌的电动自行车采取扣车措施，在车主办好相关注册登记手续后才能放车。对于超标电动自行车可以发放临时车牌，在车上安装限速器，并设置一个过渡期，在过渡期内允许使用，过渡期后即禁止销售和使用，违者予以重罚。

8.1.3.3　实施电动自行车强制保险制度

电动自行车的消费群体往往是中低收入人群,一旦发生交通事故,自身车损、医疗费、对方车损及对方医疗费等所有费用支出都需要自费。在很多交通事故中,虽然交警判定了电动自行车方的责任,但是电动自行车当事人常常拒赔,这严重损害了事故赔偿权利人的合法权益。同时,部分电动自行车骑行人在发生事故后,由于害怕承担费用而驾车逃逸,造成了更大的安全隐患。因此,对于电动自行车实行强制保险制度十分必要。目前,部分保险公司已经推出涉及非机动车的保险,其保障了骑行人受伤、残疾、身故和第三者受伤、残疾、身故后的基本赔付。但是大部分电动自行车骑行人并不知晓这一险种,主动购买的意愿也不强烈,这就需要一定的政策引导并规范涉及电动自行车的强制保险制度。

8.1.3.4　加大电动自行车违法行为的查处及处罚力度

通过对电动自行车交通事故数据的分析可知,电动自行车骑行人普遍存在逆向行驶、违反规定载人、未在非机动车道内行驶、不靠车行道右侧行驶、转弯时不让行直行车辆和行人,以及不按照交通信号规定通行这六种违法行为。特别是不按照交通信号规定通行这一违法行为会造成较大的事故风险和安全隐患,交通管理部门应不定期对电动自行车的违法行为开展专项整治工作。

对于电动自行车骑行人的罚款,除造成交通事故后逃逸尚不构成犯罪、不听劝阻违反交通管制的规定强行通行这两种违法行为的罚款在 200～2000 元人民币外,其余违法行为对应的罚款均在 5～50 元人民币,故电动自行车骑行人的违法成本较低。适当提高电动自行车骑行人的罚款额度,并在其缴纳完罚款后才放行电动自行车,这样既可以增加电动自行车骑行人的违法成本,又可以将处罚执行到位,避免在放车后电动自行车骑行人拒不缴纳罚款。

8.1.3.5　深入开展交通安全宣传教育

一些电动自行车骑行人对于道路交通安全法不熟悉,安全意识淡薄,公安交管部门应当定期深入社区、农村、学校等地进行交通安全宣传,以案说法,对不同社会角色的人采用不同方式的针对性教育。在简易程序处理的事故中,男女之比约为 3∶2;在一般程序处理的事故中,男女之比约为 6∶1。由此可见男性的驾驶习惯相对更差,更需要针对性的安全宣传教育。通过事故数据可知,60～70 岁老年人事故比例也较高,且伤亡比例更大,因此,公安交通管理部门需要引导年龄较大的电动自行车骑行人,尤其是年龄超过 60 周岁的老年人不再以电动自行车为主要出行工具。

8.1.3.6 建立健全交通事故预防机制

通过对事故多发地的交通特性、时间特性及天气状况的分析可以看出,部分重点路口早晚高峰及周五是事故多发时间段,可以通过加派警力执勤纠正违法行为,减少交通违法行为及冲突。同时,驾驶电动自行车违反规定载人和非机动车逆向行驶这两类违法行为导致的交通事故伤害严重程度更高,需要加强对这两类行为的执法力度。公安交管部门应该切实根据辖区内交通事故的特性加强涉及电动自行车交通事故的前期预防工作,形成有效可靠的交通事故预防机制来降低电动自行车交通事故数量与伤亡率。

8.2 电动自行车交通事故严重程度影响因素分析

8.2.1 变量离散化

交通事故伤害的严重程度是衡量事故严重性的主要指标之一。因此,对事故严重程度进行深入分析有利于找出造成事故伤害的主要因素,为降低道路交通事故伤害、提升道路交通安全性提供数据支撑。为了进一步定量分析涉及电动非机动车道路交通事故的影响因素及其严重程度,对统计得到的骑行人性别、年龄,事故发生时间、发生月份,天气,道路形式,违法行为,以及事故类型、严重程度进行分类,如表 8.1 所示。

表 8.1　电动自行车交通事故变量离散化结果

事故变量	类型描述	离散化取值	事故数量(比例)
骑行人性别	男	1	674(60.6%)
	女	2	438(39.4%)
骑行人年龄	青年(16～40 岁)	1	477(42.9%)
	中年(>40～60 岁)	2	516(46.4%)
	老年(60 岁以上)	3	119(10.7%)
事故发生时间	0～6 时	1	32(2.9%)
	6～10 时	2	334(30.0%)
	10～16 时	3	342(30.8%)
	16～20 时	4	308(27.7%)
	20～24 时	5	96(8.6%)

续表

事故变量	类型描述	离散化取值	事故数量（比例）
事故发生月份	1～2 月	1	154(13.8%)
	3～4 月	2	206(18.5%)
	5～6 月	3	178(16.0%)
	7～8 月	4	171(15.4%)
	9～10 月	5	192(17.3%)
	11～12 月	6	211(19.0%)
天气	晴天	1	515(46.3%)
	阴天	2	365(32.8%)
	雨雪天	3	232(20.9%)
道路形式	交叉口	1	474(42.6%)
	路段	2	638(57.4%)
违法行为	机动车违法	1	571(51.3%)
	非机动车逆向行驶	2	126(11.3%)
	驾驶电动自行车违反规定载人	3	95(8.5%)
	非机动车未在非机动车道内行驶	4	66(5.9%)
	非机动车不靠车行道右侧行驶	5	61(5.5%)
	转弯非机动车不让直行的车辆	6	46(4.1%)
	非机动车违反交通信号规定通行	7	45(4.1%)
	其他非机动车违法行为	8	102(9.3%)
事故类型	电动自行车与电动自行车	1	190(17.1%)
	电动自行车与机动车	2	889(79.9%)
	电动自行车与自行车	3	7(0.6%)
	电动自行车与行人	4	18(1.7%)
	电动自行车单方事故	5	8(0.7%)
严重程度	无/轻度损伤	0	711(63.9%)
	中重度损伤(含死亡)	1	401(36.1%)

从表中可以看出,电动自行车交通事故中电动自行车与机动车事故占比将近80%。研究发现,机动车违法行为的事故占了总事故的 51.3%,说明机动车违法行为仍然是造成电动自行车交通事故的主要因素。

8.2.2　逻辑回归模型

为了进一步分析电动自行车交通事故严重程度的影响因素,本研究将电动自行车交通事故分为轻度损伤和重度损伤两类,采用多因素 Logistic 模型进行影响因素的建模,公式如下。

$$\ln\left(\frac{p}{1-p}\right) = g(x) = \beta_0 + \beta_1 x_1 + \cdots + \beta_8 x_8 \tag{8.1}$$

式中，p 为电动自行车交通事故造成轻度损伤的概率，$x_1 \sim x_8$ 分别为骑行人性别、年龄，事故发生时间、发生月份，天气，道路形式，事故类型，以及违法行为自变量，其中年龄和事故发生时间为连续变量，其他都为离散变量，$\beta_0 \sim \beta_8$ 为待标定参数。

Logistic 回归模型是广义线性回归模型的一种，其具有对正态性和方差齐性不作要求、对自变量类型不作要求以及系数的可解释性等优点，可以预测在不同的自变量情况下，发生严重交通事故的概率。假设存在 m 个观测样本，观测值分别为 $y_1, y_2, \cdots, y_m$，设 $p_i = P(y_i = 1 | x_i)$ 为给定条件下的 $y_i = 1$ 的概率，同样地，$y_i = 0$ 的概率为 $P(y_i = 0 | x_i) = 1 - p_i$，所以得到观测值的概率为 $P(y_i) = p_i^{y_i}(1-p_i)^{1-y_i}$。

由于各个观测样本之间相互独立，那么它们的联合分布为各边缘分布的乘积，这样就得到似然函数：

$$L(\beta) = \prod_{i=1}^{m} \left[\pi(x_i)\right]^{y_i} \left[1 - \pi(x_i)\right]^{1-y_i} \tag{8.2}$$

使得似然函数取得最大值的参数估计值就是 Logistic 回归模型的参数值。对 $L(\beta)$ 取对数得到：

$$\ln L(\beta) = \sum_{i=1}^{m} \left\{y_i \ln\left[\pi(x_i)\right] + (1-y_i)\ln\left[1 - \pi(x_i)\right]\right\} \tag{8.3}$$

继续对这 $n+1$ 个 β_i 分别求偏导数，得到个 $n+1$ 方程，如下：

$$\frac{\partial \ln L(\beta_k)}{\partial \beta_k} = \sum_{i=1}^{m} x_{ik}\left[y_i - \pi(x_i)\right] = 0, \ k = 0,1,2,\cdots,n \tag{8.4}$$

利用梯度上升算法或者牛顿迭代算法就可以得到方程组的解。上述方程组的解即 Logistic 回归模型的估计参数。

8.2.3　结果分析

表 8.2 给出了 Logistic 模型回归的结果。从 P 值结果可以看出，系数 β_2，β_7 和 β_8 存在显著性，即骑行人年龄、事故违法行为、事故类型与电动自行车交通事故的严重程度呈现显著性相关关系，而其中违法行为和事故类型对事故的严重程度影响更大。而其他诸如事故发生时间、月份，天气和道路形式等因素并不会显著影响事故的严重程度。

表 8.2 Logistic 回归模型分析参数结果

参数	估计参数值	t 统计量	P 值
β_0	106.334	0.000	1.000
β_1	0.606	1.509	0.131
β_2	0.029	2.061	0.039
β_3	-0.042	-1.175	0.240
β_4	-0.064	-1.283	0.200
β_5	-0.130	-0.544	0.587
β_6	-111.298	0.000	1.000
β_7	-0.216	-3.060	0.002
β_8	3.810	9.677	0.000

根据上述对影响因素的分析可以看出,针对杭州市电动自行车交通事故所呈现出的发展趋势,需要在以下几个方面进行电动自行车的交通管理对策改进。①实施电动自行车强制保险制度;②加大电动自行车违法行为的查处力度;③深入开展电动自行车的交通安全宣传教育;④建立健全交通事故预防机制。

8.3 基于非支配排序遗传算法的事故严重程度建模

8.3.1 影响因素定义

通过对事故数据库的分析,我们采用了九种解释变量进行模型的建模与分析。这些变量可以划分为时间、骑行人、环境及事故这四种类别。表8.3 给出了四类九种解释变量的相关取值情况。

时间因素包括三类变量,分别是:星期因素(F-1),包括工作日和非工作日;每日时间因素(F-2),以小时为单位取 24 个值;月份因素(F-3),以月份为单位取 12 个值。骑行人因素分为两个变量,分别是:骑行人年龄(F-4),分为青年、中年和老年三类;骑行人性别(F-5),分为男性和女性两类。环境因素分为两个变量,分别是:天气因素(F-6),分为晴天、阴天和雨雪天三类;道路因素(F-7),分为交叉口和路段两类。事故类型因素分为两个变量,分别是:冲突类型(F-8),分为电动自行车-电动自行车冲突、电动自行车-机动车冲突、电动自行车-自行车冲突、电动自行车-行人冲突,以及电动自行车单方冲突五类;违法行为(F-9),分为机动车违法、非机动车逆行、非机动车违法载人、非机动车在机动车道行驶、非机动车不靠右侧行驶、转弯非机动车不让行直行车、非机动车违反交通信号，以及其他非机动车违法行为八类。

电动自行车交通事故严重程度是衡量交通冲突的重要指标之一。因此，为了深入分析冲突严重程度及其影响因素，更好地理解影响电动自行车交通冲突的关键因素，这里将电动自行车的冲突严重程度指标与上述九个因素进行建模，分析这些因素在交通冲突中的作用，并以此为基础构建影响因素模型。

上述这些因素的综合作用，导致了涉及电动自行车的交通冲突行为。而交通冲突的严重程度又是这些因素综合影响下的结果。因此，通过相关算法实现影响因素的识别，能够对电动自行车交通事故黑点识别、电动自行车事故预防、电动自行车事故伤害降低措施的制定等提供理论支撑。

表 8.3　四类解释变量汇总表

因素	变量	编号	取值
时间	星期	F-1	(1)工作日；(2)非工作日
	每日时间	F-2	(1)0～1 时；(2)1～2 时；……
	月份	F-3	(1)一月；(2)二月；……
骑行人	年龄	F-4	(1)青年；(2)中年；(3)老年
	性别	F-5	(1)男性；(2)女性
环境	天气	F-6	(1)晴天；(2)阴天；(3)雨雪天
	道路类型	F-7	(1)交叉口；(2)路段
事故类型	冲突类型	F-8	(1)电动自行车-电动自行车；(2)电动自行车-机动车；(3)电动自行车-自行车；(4)电动自行车-行人；(5)电子自行车单方事故
	违法行为	F-9	(1)机动车违法；(2)非机动车逆行；(3)非机动车违法载人；(4)非机动车在机动车道行驶；(5)非机动车不靠右侧行驶；(6)转弯非机动车不让行直行车；(7)非机动车违反交通信号；(8)其他非机动车违法行为

8.3.2　优化模型

NSGA-Ⅱ(non-dominated sorting genetic algorithm-Ⅱ，非支配排序遗传算法-Ⅱ)是 Srinivas 和 Deb 在 2000 年于 NSGA 的基础上提出的，它是在第一代非支配排序遗传算法的基础上改进而来，比 NSGA 更加优越。其改进主要是针对三个方面：①提出了快速非支配排序算法，一方面降低了计算的复杂度，另一方面将父代种群跟子代种群进行合并，使得下一代的种群从双倍的空间中进行选取，从而保留了最为优秀的个体;②引进精英策略,保证某些优良的种群个体在进化过程中不会被丢弃,从而提高了优化结果的精度;③采用拥挤度和拥挤度比较算子,不但克服了 NSGA 中需要人为指定共享参数的缺陷,而且将其作为种群中个体间的比较标准,使得准 Pareto(帕累托)域中的个体能均匀地扩展到整个 Pareto 域,保证了种群的多样性。

NSGA-Ⅱ的基本流程如下:

(1)随机产生规模为 N 的初始种群,非支配排序后通过遗传算法的选择、交叉、变异三个基本操作得到第一代子代种群;

(2)从第二代开始,将父代种群与子代种群合并,进行快速非支配排序,同时对每个非支配层中的个体进行拥挤度计算,根据非支配关系以及个体的拥挤度选取合适的个体组成新的父代种群;

(3)通过遗传算法的基本操作产生新的子代种群,依此类推,直到满足程序结束的条件。

本章提出的 NSGA-Ⅱ可被用来优化影响电动自行车交通冲突严重程度的变量选择。其目标是选择更少的影响因素(g_1)、实现更高的识别精度(g_2)。因此,g_1和 g_2 是该算法的两个重要的优化目标。

多目标优化问题(multi-objective optimization problem,MOP)的主要过程可以描述为决策空间 X 和目标空间 Y 之间的迭代循环。函数 f 将决策空间转换为目标空间,即 $f:X \rightarrow Y$。后续对目标空间中的结果进行评估和搜索,以向决策空间提供反馈。

为了识别 MOP 的重要因素,将决策向量设置为 $=(x_1, x_2, \cdots, x_9)$,其中:

$$x_i = \begin{cases} 1, i & \text{选择该变量} \\ 0, i & \text{不选择该变量} \end{cases} \quad i = 1,2,\cdots,9 \tag{8.5}$$

第一个目标函数是 $f_1(x) = g[D(x)]$,其中 $D(x)$ 是具有给定因子组合的数据集输出的神经网络均方差(mean square error,MSE),第二个目标函数是选定变量的总数。因此,本研究中的 MOP 问题可以表述为:

$$\min_{x \in X} f(x) = [f_1(x), f_2(x)]^{\mathrm{T}} \tag{8.6}$$
$$\text{s.t.} \ f_1(x) = g[D(x)]$$
$$f_2(x) = \sum_{i=1}^{9} x_i$$
$$X = \{x \in R^n / x_i(x_i - 1) = 0, i = 1,2,\cdots,n\} \tag{8.7}$$

式中,R 为实数集。

在本章中，我们采用的 NSGA-Ⅱ是一种通用的多目标算法，用于搜索非主导解。使用该算法的优化模型具有更好的收敛性，因为它存储了所有非支配的解决方案。此外它还可根据拥挤距离调整合适的自动机制，以确保其解决方案的多样性和传播性。为了实现该模型，NSGA-Ⅱ的染色体被编码为 9 位二进制序列，每一位代表一个相应的因子，整个位串代表候选者使用因子的某种组合。为了初始化种群，将随机生成一个包含 N_{POP} 染色体数量的父代。在后续迭代的每个循环中，通过交叉和突变的遗传算子从相应的亲代产生两个后代种群。这两个后代种群的大小分别为 C_{POP} 和 M_{POP}。对于模拟种群中的每个个体，将从原始数据集中检索染色体中的所有"1"位字段，并将其连接到神经网络输入。将所有交通冲突数据样本分为训练集、验证集和测试集，其比例分别为 70%，15% 和 15%，这样可防止模型在训练期间过拟合。然后，基于两个目标函数的输出，通过NSGA-Ⅱ实现 NDS 和 CD 选择质量更好的染色体。在迭代模拟的最后，模型收敛到代表最佳或次最佳解的最佳染色体组合。NSGA-Ⅱ可以非常快地收敛到最优解或近似最优解。

8.3.3 结果分析

将输出类的数字更改为一个热代码，然后运行 NSGA-Ⅱ五次。记录每次迭代收敛后的帕累托最优解集，其结果如表 8.4 所示。从中可以看出，该算法能够在多次迭代后收敛到最优解。当变量数为 2 时，可实现最小误差。在确定最佳因素组合后，随着影响因素数量的增加，选择的最佳因素组合没有明显的规律。因此，影响电动自行车碰撞事故严重程度的两个关键因素是碰撞类型和违法行为。

表 8.4 帕累托优化解集合

变量数	运行次数					最终结果
	1	2	3	4	5	
1	0001000000	0001000000	0001000000	0001000000	0001000000	0001000000
2	0001001000	0001001000	0001001000	0001001000	0001001000	0001001000
3	0001001001	0001101000	0011001000	0001001010	0001001001	0001001001
4	1001001001		1001000101	0011001010	1001001001	1001001001
5	1111000001		0011011100	1101101000	1011001001	
6	1001101101	0011001111	0111101001	1001001010	0111001101	
7	1011111001		1111111000	0111011101	1111001101	
8	1011111101		1111001111	0111011111		
9	1011111111	1111111011	1111011111			
10	1111111111		1111111111	1111111111		

8.4　本章小结

近年来,随着电动自行车保有量和使用频率的快速增加,涉及电动自行车的交通事故也呈现快速增长趋势。本章针对电动自行车交通事故数据,分析了交通事故的统计特性及时空分布规律,采用逻辑回归和非支配排序遗传算法建立了事故严重程度的影响因素模型,并在此基础上提出了电动自行车交通事故预防的相关对策建议。相关研究成果将为我国电动自行车相关标准制定、法律法规修订及道路通行能力与服务水平分析等提供理论依据。

第 9 章　混合自行车交通流微观行为建模

自行车交通流的建模一直是交通流理论领域研究的重点和难点问题。自行车运行较为灵活、运行轨迹不规则、存在较多车辆不按规定车道行驶特性,使得传统的基于机动车运行的模型都难以适用。近年来,以元胞自动机为代表的微观模型在描述自行车交通流中取得了重要进展。然而,混合非机动车交通流存在的压缩性、异质性等问题仍然难以解决。本章通过真实数据的分析,希望在原有模型基础上进行改进,进而构建起新的混合自行车交通流的微观模型,为非机动车道的规划、建设与分析提供有力工具。

9.1　混合自行车交通流的压缩性

在流体力学中,液体和气体都存在压缩性,且气体具有更明显的压缩性。交通流理论脱胎于流体动力学,这表明交通流与流体有许多相似之处。在交通流中,参与交通的个体之间为避免碰撞,存在一定距离,即安全距离。密度较小时,个体之间的距离较大,交通流可压缩程度较大;密度较大时,个体之间的间距较小,交通流可压缩程度较小。当车流密度达到阻塞密度时,个体之间的距离已经达到极限,交通流就不能再被压缩。我们把交通流的这种可被压缩的性质称为交通流的压缩性。

以往大量交通流理论方面的研究已经证实交通流如流体一样具有压缩性,如熊烈强(2005)认为可以根据车头间距的变化来判断交通流是否被压缩。车流速度降低,密度增加,车头间距便缩小,这就是交通流的压缩性。程瑶(2007)引入了马赫数的概念来表征交通流的压缩性,并建立了交通流压缩模型。尽管目前的研究多针对机动车交通流的压缩性,但是自行车交通流一样具备压缩性,且其压缩性更加明显。

由于非机动车在实际运行中并不像机动车一样按车道行驶,因此非机动车的行驶方式更加灵活。同时,由于非机动车具有更小的体型,可以在更短的时间内进行加减速。自行车交通流的压缩性会比机动车表现得更为明显。除表现为纵向车头间距的压缩之外,自行车在行驶过程中,车与车之间的横向距离也可以被压缩。当自行车处于畅通状态时,每辆车都可以自由选择行驶位置,车与车之间的横向距离相对较大;当自行车处于拥挤状态时,由于车速的减小,车辆之间的横向距离也随之减小。

如图 9.1 所示,在畅通状态与拥挤状态下,车辆横向间距相差很大。在 2.27m 的道路宽度下,是有可能同时并排行驶三辆自行车的。进一步地,我们通过对实际数据的采集和处理,来说明混合自行车交通流压缩性的存在。自行车车流密度是指在 1m 宽的非机动车道上,1km 范围内所存在的自行车(包括普通自行车和电动自行车)数量;考虑到混合自行车交通流的特性,我们将其速度设定为所有自行车速度的均值。通过对实测数据按照一定的密度区间进行加权处理,我们最终得到了实测密度与速度的关系(见图 9.2)。可以发现,随着车流密度的增加,车流速度逐渐减小。也就是说,随着密度的增加,非机动车受到周围车辆的影响,无法自由地加减速,更多表现为跟随骑行状态,非机动车之间的距离相对较小。这也证明了在自行车交通流中,压缩性同样存在。

图 9.1　不同密度下自行车运行状况

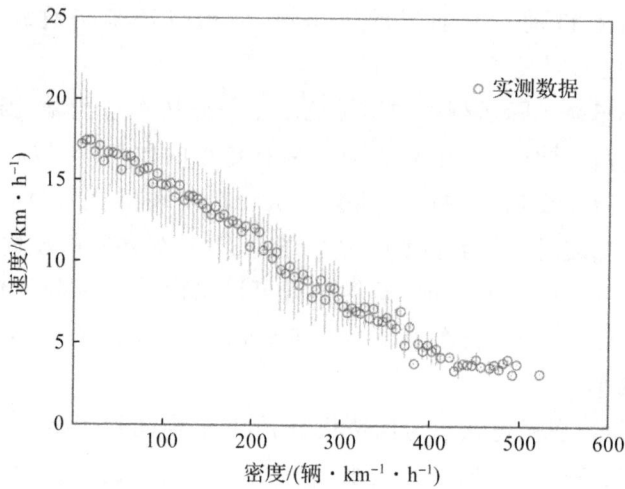

图 9.2 实测数据速度-密度图

9.2 模型建立

9.2.1 参数表示

本部分建模中所采用的参数及缩略词汇总如下：

CA	cellular automaton(元胞自动机)
BCA	burgers cellular automaton(伯格斯元胞自动机)
EBCA	the extended burgers cellular automaton(扩展伯格斯元胞自动机)
RB	regular bicycle(普通自行车)
EB	electric bicycle(电动自行车)
MAPE	mean absolute percentage error(平均绝对百分比误差)
RMSE	root mean square error(均方根误差)
$U_j(t)$	元胞 j 在 t 时刻的自行车数量
$U_j^r(t)$	元胞 j 在 t 时刻的 RB 数量
$U_j^e(t)$	元胞 j 在 t 时刻的 EB 数量
p_c	元胞能够容纳更多自行车的概率
l	非机动车道宽度
$b_j^r(t)$	在第一步中元胞 j 在 t 时刻能够移动一格的 RB 数量
$b_j^e(t)$	在第一步中元胞 j 在 t 时刻能够移动一格的 EB 数量

$b_j(t)$	在第一步中元胞 j 在 t 时刻能够移动一格的所有自行车数量
$c_j^r(t)$	在第二步中元胞 j 在 t 时刻能够移动一格的 RB 数量
$c_j^e(t)$	在第二步中元胞 j 在 t 时刻能够移动一格的 EB 数量
$c_j(t)$	在第二步中元胞 j 在 t 时刻能够移动一格的所有自行车数量
$d_j(t)$	元胞 j 在 t 时刻能够移动三格的 EB 数量
p_r	RB 的随机慢化概率
p_e	EB 的随机慢化概率
$L_j(t)$	元胞 j 在 t 时刻能够容纳的最多自行车数量
$\text{rand}(\cdot)$	生成 0 和 1 之间的随机数
e	电动自行车比例
$\rho(t)$	t 时刻交通流密度
$Q(t)$	t 时刻交通流流量
$v(t)$	t 时刻交通流速度
$D(j)$	在间隔 j 下观测数据的平均值
$\hat{D}(j)$	在间隔 j 下仿真数据的平均值
K	路段车道的元胞总数
T	仿真步长

9.2.2　元胞尺寸定义

所有的多值元胞自动机模型都是基于伯格斯方程所建立的,如下式所示。

$$U_j(t+1) = U_j(t) + \min[U_{j-1}(t), L-U_j(t)] - \min[U_j(t), L-U_{j+1}(t)]$$

$$(9.1)$$

该式表明了每个元胞的更新方式。$\min[U_{j-1}(t), L-U_j(t)]$ 表示在 t 时刻进入元胞 j 的自行车数;$\min[U_j(t), L-U_{j+1}(t)]$ 表示在 t 时刻离开元胞 j 的自行车数。

调查数据显示,普通自行车的宽度为 (0.572 ± 0.061)m,长度为 (1.710 ± 0.100)m;电动自行车的宽度为 (0.685 ± 0.077)m,长度为 (1.820 ± 0.110)m。由于自行车在行驶过程中需要与其他车辆保持一定的距离以避免发生碰撞,因此在本书中设定每辆自行车在畅通状态下占据的空间为 2 m×1 m,其中 2 m 为长度,1 m 为宽度。每个道路元胞的尺寸为 2 m×L,其中 L 为车道数。

9.2.3　自行车速度定义

根据之前相关文献的调查结果,电动自行车的平均速度为 21.86 km·h⁻¹ (6.07m/s),普通自行车的平均速度为 14.81 km·h⁻¹(4.11m/s)。我们在杭州市多个地点的调查数据显示,在三类不同的道路宽度情况下,普通自行车的平均速度分别为 3.69,3.72 和 3.76 m/s,电动自行车的平均速度分别为 5.46,5.64 和 6.08 m/s。因此,在本部分,我们定义普通自行车的速度为 2cells/s(4m/s),电动自行车的速度为 3cells/s(6m/s)。

9.2.4 压缩率的引入

为了将自行车交通流压缩性引入模型中,这里定义交通流压缩性策略。以往的元胞自动机模型的输入参数为车道数,因而可仿真的道路宽度不连续。当增加的道路宽度没有达到一个车道宽度时,通常对该额外宽度进行近似处理。如若实际道路宽度为 2.4 m,车道宽度为 1 m,则仿真近似为两个车道。但是由于定义自行车占用元胞尺寸时,通常已经考虑了自行车在自由流状态下所需的安全距离,而混合自行车交通流存在压缩性,该距离在拥堵状态下可以变得更小,因此这可能导致仿真值与实际值之间存在较大的偏差。

基于此,我们假设额外的道路宽度使得一个道路元胞有概率多容纳一辆自行车(即使额外的道路宽度没有达到一条车道的宽度),定义此概率为 p_c,在本章中称之为压缩概率。p_c 是一个基于道路宽度的函数,我们在本章中采用对数关系建立 p_c 的函数以探究该策略的有效性,具体关系需通过大量的实地调查进行标定。函数关系如下所示:

$$p_c = \frac{\lg l - \lg \lfloor l \rfloor}{\lg(\lfloor l \rfloor + 1) - \lg \lfloor l \rfloor} \tag{9.2}$$

式中,l 为道路宽度。值得注意的是,在这里公式为连续函数。基于车道宽度为 1 m 的设定,当道路宽度为整数时,车流压缩概率为 0。且随着额外道路宽度的增加,一个道路元胞多容纳一辆非机动车的概率增加。这是因为在额外宽度较小的情况下,横向可压缩程度较小,非机动车之间更可能通过穿插的形式去占据道路空间;而在额外宽度较大的情况下,横向可压缩程度较大,尤其是额外宽度接近车道宽度时,非机动车有更多的机会通过减小相互之间的距离并排通行。

9.2.5 模型演化规则

实测结果发现,在实际运行状态下,混合自行车交通流中的超车行为有 89% 是电动自行车导致的。因此,在该模型中,定义电动自行车具有通行优先权。模型的演化主要基于以下四个规则:

(1)t 时刻在元胞 j 中的普通自行车、电动自行车及混合自行车的数量分别为 $U_j^r(t)$、$U_j^e(t)$ 及 $U_j(t)$;

（2）所有处于元胞 j 的自行车在元胞 $j+1$ 可以继续容纳自行车的情况下，都会向前移动一个元胞，且电动自行车相较于普通自行车具有优先权；

（3）所有进行步骤 2 的自行车，如果元胞 $j+2$ 能继续容纳自行车，可以继续向前移动一个元胞，且电动自行车相较于普通自行车具有优先权；

（4）针对进行步骤 3 的电动自行车，如果元胞 $j+3$ 能继续容纳自行车，可以继续向前移动一个元胞。

具体的更新规则流程如图 9.3 所示。平行演化的步骤如下所示。

（1）计算该时刻每个道路元胞可以容纳的车辆数 $L_j(t+1)(j=1,2,3,\cdots,K)$：

$$L_j(t+1) = \lfloor l \rfloor \tag{9.3}$$

如果 $\text{rand}(\cdot) < p_c$，

$$L_j(t+1) = L_j(t+1) + 1 \tag{9.4}$$

（2）计算 $b_j^e(t+1)$，$b_j^r(t+1)$ 和 $b_j(t+1)$：

$$b_j^e(t+1) = \max\{\min[U_j^e(t), L_{j+1}(t+1) - U_j(t)], 0\} \tag{9.5}$$

$$b_j^r(t+1) = \max\{\min[U_j^r(t), L_{j+1}(t+1) - U_j(t) - b_j^e(t+1)], 0\} \tag{9.6}$$

$$b_j(t+1) = b_j^e(t+1) + b_j^r(t+1) \tag{9.7}$$

式中，$b_j^e(t+1)$，$b_j^r(t+1)$ 和 $b_j(t+1)$ 分别代表在时刻 $t+1$，元胞 j 内前进一个元胞的普通自行车、电动自行车和混合自行车的数量。

（3）计算 $c_j^e(t+1)$，$c_j^r(t+1)$ 和 $c_j(t+1)$：

$$c_j^e(t+1) = \max\{\min[b_j^e(t), L_{j+2}(t+1) - U_{j+2}(t) - b_{j+1}(t+1) + b_{j+2}(t+1)], 0\} \tag{9.8}$$

$$\begin{aligned} c_j^r(t+1) = \max\{\min[b_j^r(t+1), L_{j+2}(t+1) - U_{j+2}(t) - b_{j+1}(t+1) \\ + b_{j+2}(t+1) + b_{j+2}(t+1) - c_j^e(t+1)], 0\} \end{aligned} \tag{9.9}$$

如果 $\text{rand}(\cdot) < p_r$，

$$c_j^r(t+1) = \max[c_j^r(t+1) - 1, 0] \tag{9.10}$$

$$c_j(t+1) = c_j^e(t+1) + c_j^r(t+1) \tag{9.11}$$

式中 $c_j^e(t+1)$、$c_j^r(t+1)$ 和 $c_j(t+1)$ 分别代表在时刻 $t+1$，元胞 j 内前进两个元胞的普通自行车、电动自行车和混合自行车的数量；p_r 代表普通自行车的随机慢化概率。

（4）计算 $d_j(t+1)$：

$$\begin{aligned} d_j(t+1) = \max\{\min[c_j^e(t+1), L_{j+3}(t+1) - U_{j+3}(t) - b_{j+2}(t+1) \\ + b_{j+3}(t+1) - c_{j+1}(t+1) + c_{j+2}(t+1)], 0\} \end{aligned} \tag{9.12}$$

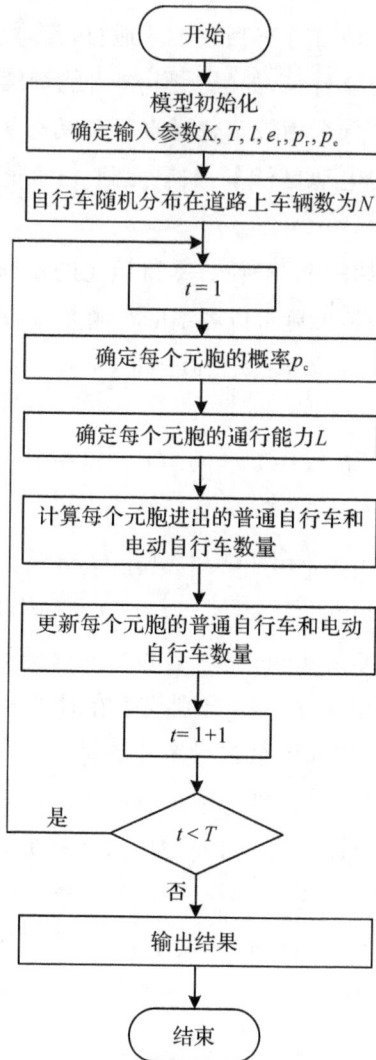

图 9.3　更新规则流程

如果 $\text{rand}(\cdot) < p_e$，

$$d_j(t+1) = \max[d_j(t+1)-1,0] \tag{9.13}$$

式中 $d_j(t+1)$ 代表在时刻 $t+1$，元胞 j 内前进三个元胞的电动自行车数量；p_e 代表电动自行车的随机慢化概率。

(5) 更新 $U_j^e(t+1), U_j^r(t+1)$ 和 $U_j(t+1)$:

$$U_j^e(t+1) = U_j^e(t) - b_j^e(t+1) + b_{j-1}^e(t+1) - c_{j-1}^e(t+1)$$
$$+ c_{j-2}^e(t+1) - d_{j-2}^e(t+1) + d_{j-3}^e(t+1) \tag{9.14}$$

$$U_j^r(t+1) = U_j^r(t) - b_j^r(t+1) + b_{j-1}^r(t+1) - c_{j-1}^r(t+1) + c_{j-2}^r(t+1) \tag{9.15}$$

$$U_j(t+1) = U_j^r(t+1) + U_j^e(t+1) \tag{9.16}$$

9.3　模型验证

9.3.1　数据采集

为获取交通流数据进行参数标定及模型有效性验证,我们选取了杭州市三条具有机非隔离带的非机动车道进行调查。研究地点基本信息如表 9.1 所示。三条路段均位于杭州市中心,早、晚高峰非机动车流量较大,可以满足不同流量条件下的采集需求。调查路段内无明显平、纵曲线,路面铺装状态良好。

采用录像观测的调查方式进行调查。调查开始前,使用白色胶带标示出调查区域。在路边设置摄像机用于记录自行车骑行人在路段中的骑行行为,并保证摄像机不被骑行人轻易发现,以免干扰骑行人的骑行行为。之后,采用人工观看视频的方式,记录下自行车通过白色标示线的时刻、车辆特征及骑行人特征。通过进一步计算,可以得到交通流参数(速度、流量、密度、车辆比例等)。

表 9.1　研究地点基本信息

序号	非机动车道宽度/m	样本数	电动自行车比例
1	2.27	2943	68.6%
2	2.93	3604	70.3%
3	3.65	3364	77.1%

9.3.2　仿真模拟

同时采用两个模型进行仿真模拟。其中一个模型考虑交通流的压缩性,即本章提出的模型,称为改进模型;另一个模型不考虑交通流压缩性,为原始模型。两个模型的输入参数只在道路宽度方面有所差异,由于原始模型只能采用固定的车道数，因此我们对车道宽度进行近似处理，取两个车道；而改进模型采用道路实际宽度作为输入值。其他输入参数在两个模型中都保持一致，便于进行对比分析。

仿真路段长度为 500 个元胞，即 1000 m。道路宽度、普通自行车与电动自行车比例与调查结果保持一致。随机慢化概率 p_r 和 p_e 通过组合进行仿真模拟以确定，并采用平均绝对百分比误差（MAPE）作为评价指标，以确保将最优的随机慢化概率组合作为仿真参数输入。评价指标 MAPE 计算如下：

$$\mathrm{MAPE} = \frac{1}{N} \sum_{j=1}^{N} \left| \frac{\hat{D}(j) - D(j)}{D(j)} \right| \times 100\% \qquad (9.17)$$

式中，$\hat{D}(j)$ 表示密度间隔 j 的仿真数据的平均值，$D(j)$ 表示密度间隔 j 的观测数据的平均值，本章以流量值作为计算对象。随机慢化概率的校验结果如图 9.4 所示，将最佳结果作为模型输入参数。

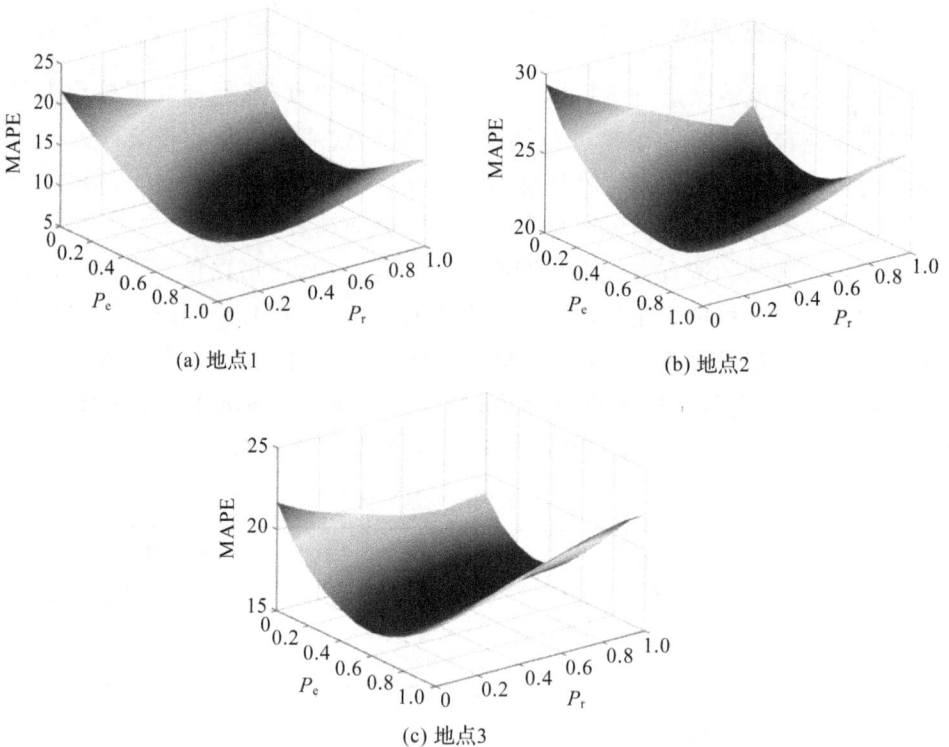

(a) 地点1

(b) 地点2

(c) 地点3

图 9.4　不同地点的非机动车随机慢化概率校验

由于不同数据间隔下电动自行车的比例存在较大差异性。为了进一步确定不同电动自行车比例对最终结果的影响。我们将数据划分为两类，第一类的电动自行车比例小于等于 0.5,第二类的电动自行车比例大于 0.5。采用 MAPE 来评价不同电动自行车比例下的模型误差情况。从仿真结果(见表 9.2)可以看出不同电动自行车比例下的误差存在一定的差异性。因此,采用权重均值作为模型的输入参数。

表 9.2　不同电动自行车比例条件下的仿真结果标定

序号	组别	观测数	MAPE	权重均值
	第一组($e<0.5$)	997	15.35%	11.36%
1	第二组($e>0.5$)	3703	10.29%	
	第三组(合计)	4700	11.10%	—
	第一组($e<0.5$)	1159	26.36%	22.96%
2	第二组($e>0.5$)	4265	22.04%	
	第三组(合计)	5424	21.98%	—
	第一组($e<0.5$)	602	49.97%	19.52%
3	第二组($e>0.5$)	4063	15.01%	
	第三组(合计)	4665	15.90%	—

注:e 为电动自行车比例。

9.3.3　结果验证

研究中混合自行车交通流经过 2000 次仿真模拟,我们采用最后 500 次仿真结果进行分析。交通流的速度和密度等参数及误差的计算公式如下:

$$\rho(t) = \frac{1000}{Kl} \sum_{j=1}^{K} U_j(t) \tag{9.18}$$

$$Q(t) = \frac{3600}{Kl} \sum_{j=1}^{K} \left[b_{j-1}(t) + c_{j-2}(t) + d_{j-3}(t) \right] \tag{9.19}$$

$$v(t) = \frac{Q(t)}{\rho(t)} \tag{9.20}$$

$$\text{RMSE} = \sqrt{\frac{1}{N} \sum_{j=1}^{N} \left[\hat{D}(j) - D(j) \right]^2} \tag{9.21}$$

式中,$Q(t)$ 为 t 时刻混合自行车流量;$\rho(t)$ 为 t 时刻混合自行车密度;K 为道路元胞数量。

从流量-密度基本图及速度-密度基本图(图 9.5)可以看出,改进模型的仿真结果更加贴近实际混合自行车交通流的运行情况。考虑了交通流的压缩性之后,仿真得到的通行能力更加接近观测得到的通行能力,阻塞密度也得到了提升。从图 9.5 还可以看出,在密度较小时,改进模型和原始模型之间的差异并不大。但是在密度较大，进入拥挤状态时，改进模型的 MAPE 值更小，表现更为优秀。这也证明了在改进模型中考虑交通流压缩性的策略发挥了作用，相较于原始模型，改进模型与实际情况更为接近。

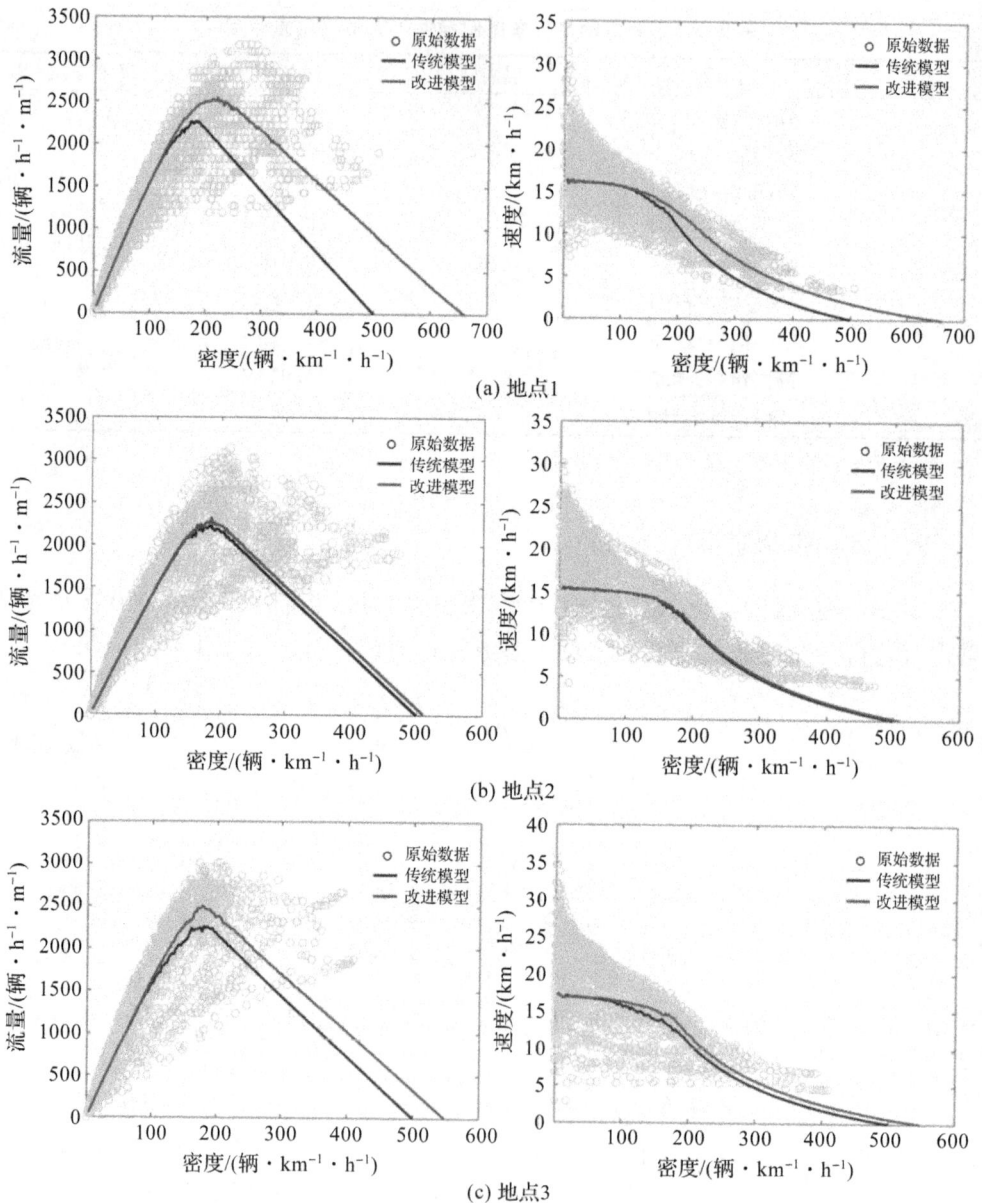

图 9.5　两种模型仿真结果对比

综上所述,通过对原始模型和改进模型的表现进行比较,可以发现改进模型更接近实际情况;引入交通流压缩性策略,可以有效提升仿真得到的通行能力以及阻塞密度,这也从侧面证明了混合自行车交通流的压缩性。但在实际采集数据过程中,交通流的状态随时受到周围环境及内部因素的影响(尤其是在高密度区域),导致高密度区域数据点较为离散。而本章中的模型为确定性模型,反映的是特定参数下的交通流状态,其仿真值与实际值之间存在较大的偏差。后续将针对这一点进行进一步的优化研究。

为了进一步分析不同密度情况下的模型性能,将原始数据划分为不同的密度组(见表 9.3)。其中,三个路段的原始数据都按照 40 辆·km^{-1}·m^{-1} 的密度划分为 11 个密度区间,再根据每个组仿真得到的结果计算不同密度条件下交通流模型的统计误差情况(见图 9.6)。从中可以看出,误差曲线在密度小于 200 时,原始模型和改进模型的误差基本一致,随着密度的增加,改进模型误差明显小于原始模型。这表明该模型在高密度区域具有更好的性能,也进一步说明了考虑拥堵情况下自行车交通流的压缩性具有重要的理论意义,对其建模的过程更加符合实际。

表 9.3　不同密度组下的观测数

序号	密度范围/(辆·km^{-1}·m^{-1})	观测数	密度范围/(辆·km^{-1}·m^{-1})	观测数
1	(0,40]	2174	(240,280]	127
	(40,80]	949	(280,320]	108
	(80,120]	394	(320,360]	97
	(120,160]	321	(360,400]	30
	(160,200]	249	>400	29
	(200,240]	222	合计	4700
2	(0,40]	3239	(240,280]	170
	(40,80]	593	(280,320]	123
	(80,120]	350	(320,360]	52
	(120,160]	333	(360,400]	27
	(160,200]	278	>400	27
	(200,240]	232	合计	5424
3	(0,40]	2634	(240,280]	47
	(40,80]	380	(280,320]	21
	(80,120]	282	(320,360]	20
	(120,160]	276	(360,400]	18
	(160,200]	260	>400	4
	(200,240]	121	合计	4665

　　不同模型在不同地点的误差性能如表 9.4 所示。从中可以看出,在三个路段,改进模型的误差均小于原始模型。这是由于考虑了车辆的压缩性之后,模型能够更好地描述混合自行车交通流的运行特性。

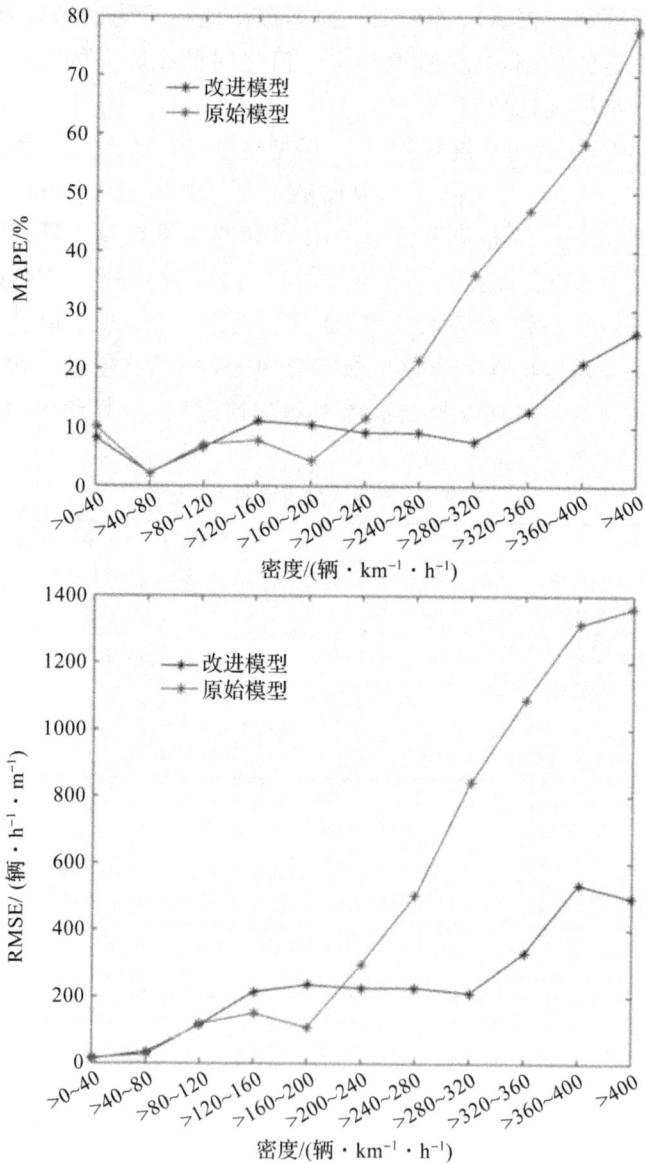

(a) 地点1模型模拟结果的MAPE和RMSE

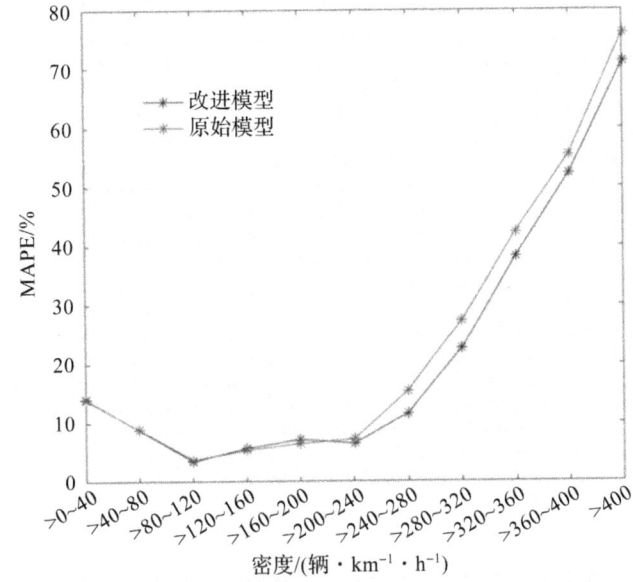

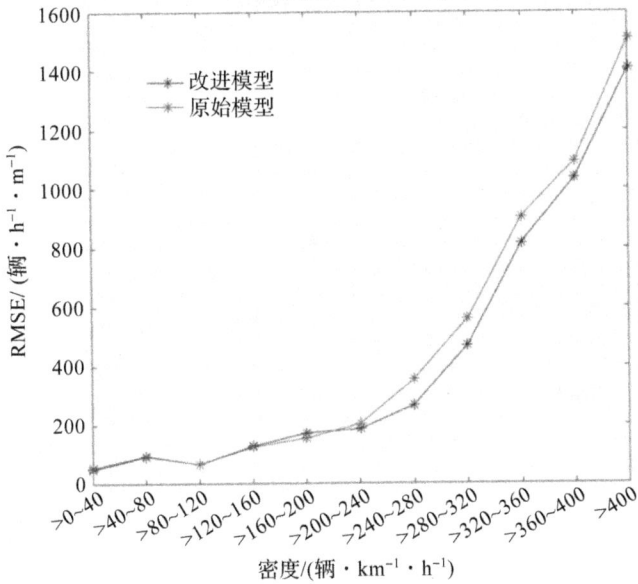

(b) 地点2模型模拟结果的MAPE和RMSE

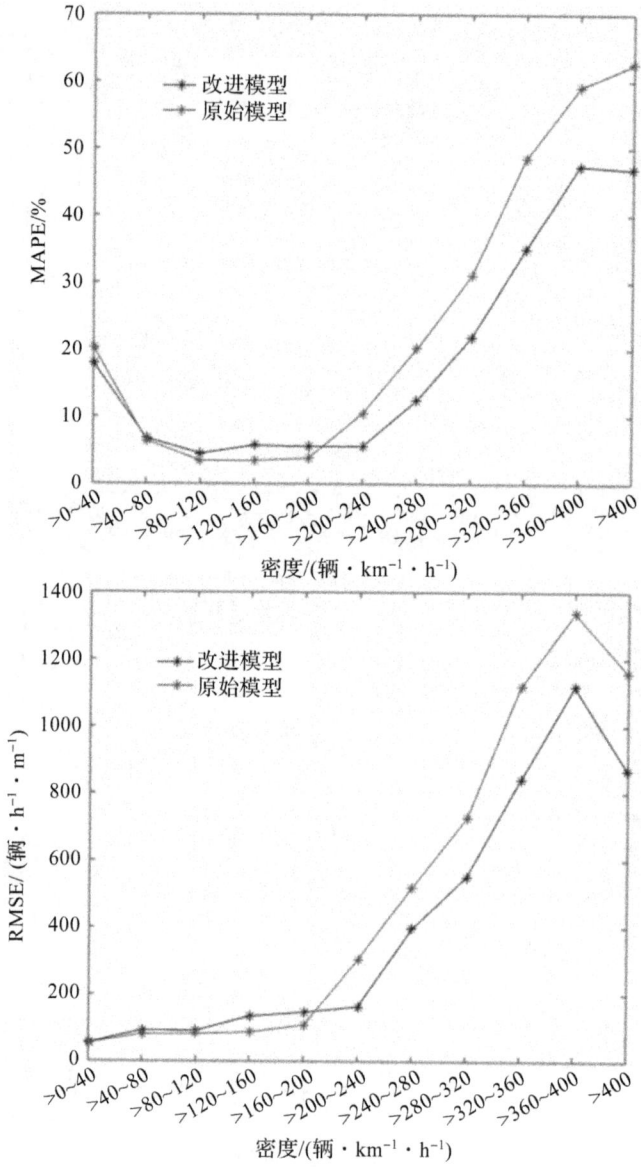

(c) 地点3模型模拟结果的MAPE和RMSE

图 9.6　不同密度下的模型误差对比

表 9.4　模型性能对比结果

序号	模型类型	车道宽度/m	通行能力/ （辆·h⁻¹·m⁻¹）	阻塞密度/ （辆·km⁻¹·m⁻¹）	流量误差 （MAPE，RMSE）	速度误差 （MAPE，RMSE）
1	原始模型	2.00	2269	500	25.96%,731.03	25.57%,2.12
	改进模型	2.27	2547	660	11.10%,279.54	10.92%,1.10
2	原始模型	3.00	2221	500	23.86%,671.59	24.15%,2.00
	改进模型	2.93	2309	510	21.98%,620.84	22.24%,1.87
3	原始模型	3.00	2258	500	19.25%,591.46	20.90%,2.39
	改进模型	3.65	2506	548	15.90%,487.17	15.74%,1.90

9.4　本章小结

由于混合自行车交通流具有复杂的运行特性,采用一般的动力学方程难以进行刻画。本章基于改进的多值元胞自动机模型,将车道宽度影响因素引入传统的多值元胞自动机模型中,能够更加精确地刻画混合自行车交通流的压缩性。数值仿真和模型验证的结果表明,改进模型的结果误差较原始模型有较大幅度的降低,该模型能够较好地描述混合自行车交通流的运行特性。

参考文献

白辂韬,周继彪,郭延永,等,2010.电动自行车通行能力研究[J].科技信息(1):401-402.

边扬,杨家夏,赵晓华,等,2021.基于轨迹数据的共享电动自行车逆行风险行为影响因素研究[J].中国公路学报,34(12):262-275.

程波,2014.基于交通冲突的电动自行车交通安全研究[D].成都:西南交通大学.

程瑶,2007.交通流压缩与粘滞特性研究[D].长春:吉林大学.

董斌杰,2008.电动助动车综合交通特征研究[D].上海:同济大学.

董春娇,董黛悦,诸葛承祥,等,2022.电动自行车出行特性及骑行决策行为建模[J].吉林大学学报(工学版),52(11):2618-2625.

董春娇,薛维洋,谢坤,等,2021.电动自行车不安全骑行决策行为建模[J].北京交通大学学报,45(1):105-110.

中华人民共和国住房和城乡建设部,2016.城市道路工程设计规范(2016版):CJJ 37—2012[S].北京:中国建筑工业出版社.

贾海亮,2014.电动自行车交通特性研究[D].成都:西南交通大学.

李峰,1995.城市自行车交通研究[J].现代城市研究,6:30-33.

李新刚,高自友,赵小梅,等,2008.混合非机动车流的多值元胞机模型模拟研究[J].物理学报,57(8):4777-4785.

李英帅,张旭,王卫杰,等,2021.基于随机森林的电动自行车骑行者事故伤害程度影响因素分析[J].交通运输系统工程与信息,21(1):196-200.

梁春岩,2004.自行车交通流特性及其应用研究[D].长春:吉林大学.

刘贺子,陈涛,2021.基于视频识别的混合非机动车速度分布模型[J].清华大学学报(自然科学版),61(2):144-151.

马景峰,任刚,李豪杰,等,2022.电动自行车与机动车事故严重性影响因素分析[J].交通运输系统工程与信息,22(2):337-348.

魏恒,任福田,刘小明,1993.自行车行驶状态与非机动车道通行能力关系研究[J].中国公路学报,6(4):60-64,71.

王曼丽,2010.城市道路电动自行车的交通安全特性分析[D].成都:西南交通大学.

王维莉,卢晓磊,张旺,等,2022.基于改进社会力的单向流电动自行车行为建模研究[J]. 交通运输系统工程与信息,22(5):223-232.

王小凤,2013.电动自行车交通冲突分析与交通安全评价[D].昆明:昆明理工大学.

熊烈强,张正亚,李杰,2005.交通流宏观建模方法研究[J].武汉理工大学学报(交通科学与工程版),29(1):26-29.

杨晓芳,牛兆雨,王建蓉,2012.基于多值元胞机的混合非机动车通行能力研究[J].系统仿真学报,24(12):2577-2581,2586.

叶晓飞,陈峻,顾姗姗,2012.城市道路路段电动自行车相对于自行车的换算系数[J].公路交通科技,29(10):109-116.

周旦,马晓龙,金盛,等,2015.混合自行车交通流超车次率影响因素模型[J].浙江大学学报(工学版),49(9):1672-1678.

中国交通工程手册编委会,1998.交通工程手册[M].北京:中国交通出版社.

中华人民共和国建设部,1991.城市道路设计规范:CJJ 37—90[S].北京:中国建筑工业出版社.

Aarts L,Schagen I V,2006. Driving speed and the risk of road crashes:a review[J]. Accident Analysis and Prevention,38(2),215-224.

Aljanahi A A M,Rhodes A H,Metcalfe A V,1999. Speed, speed limits and road traffic accidents under free flow conditions[J]. Accident Analysis and Prevention,31, 161-168.

Allen D P,Rouphail N,Hummer J E, et al.,1998. Operational analysis of uninterrupted bicycle facilities[J]. Transportation Research Record(1636):29-36.

Bai L,Liu P,Chen Y, et al.,2013. Comparative analysis of the safety effects of electric bikes at signalized intersections[J]. Transportation Research Part D:Transport and Environment,20:48-54.

Bambach M R,Mitchell R J,Grzebieta R H, et al.,2013. The effectiveness of helmets in bicycle collisions with motor vehicles:a case-control study[J]. Accident Analysis and Prevention,53:78-88.

Botma H,1995. Method to determine level of service for bicycle paths and pedestrian-bicycle paths[J]. Transportation Research Record(1502):38-44.

Cao N Y,Sano K,2012. Estimating capacity and motorcycle equivalent units on urban roads in Hanoi,Vietnam[J]. Journal of Transportation Engineering,138(6):776-785.

Carter D L,Hunter W W,Zegeer C V, et al.,2007. Bicyclist intersection safety index [J]. Transportation Research Record(2031):18-24.

Chai H, Zhang Z, Xue J, et al., 2022. A quantitative traffic performance comparison study of bicycles and e-bikes at the non-signalized intersections: evidence from survey data[J]. Accident Analysis and Prevention, 178: 106853.

Chataway E S, Kaplan S, Nielsen T A S, et al., 2014. Safety perceptions and reported behavior related to cycling in mixed traffic: a comparison between Brisbane and Copenhagen[J]. Transportation Research Part F: Traffic Psychology and Behaviour, 23: 32-43.

Chen X, Han H, Lin B, 2012. Developing bicycle equivalents for mopeds in Shanghai, China[J]. Transportation Research Record(2317): 60-67.

Cherry C R, 2007. Electric two-wheelers in China: analysis of environmental, safety, and mobility impacts[R]. Berkeley: Institute of Transportation Studies, UC Berkeley.

Dey P P, Chandra S, Gangopadhaya S, 2006. Speed distribution curves under mixed traffic conditions[J]. Journal of Transportation Engineering, 132(6): 475-481.

Ding H, Wang W, Luo T, et al., 2015. Cellular automata based modeling for evaluating different bus stop designs in China[J]. Discrete Dynamics in Nature and Society, 2015:365412.

Dixon L B, 1996. Bicycle and pedestrian level-of-service performance measures and standards for congestion management systems[J]. Transportation Research Record (1538): 1-9.

Gould G, Karner A, 2009. Modeling bicycle facility operation: cellular automaton approach [J]. Transportation Research Record(2140): 157-164.

Guo N, Jiang R, Wong S C, et al., 2021. Bicycle flow dynamics on wide roads: experiments and simulation[J]. Transportation Research Part C: Emerging Technologies, 125: 103012.

Hamann C, Peek-Asa C, 2013. On-road bicycle facilities and bicycle crashes in Iowa, 2007—2010[J]. Accident Analysis and Prevention, 56: 103-109.

Homburger W S, 1976. Capacity of bus routes, and of pedestrian and bicycle facilities[R]. Berkeley: Institute of Transportation Studies, UC, Berkeley.

Horst R V D, Goede M D, Hair-Buijssen S D, et al., 2014. Traffic conflicts on bicycle paths: a systematic observation of behaviour from video[J]. Accident Analysis and Prevention, 62: 358-368.

Hu F, Lv D, Zhu J, et al., 2014. Related risk factors for injury severity of e-bike and bicycle crashes in Hefei[J]. Traffic Injury Prevention, 15(3): 319-323.

Huang Y, Zhou Q, Koelper C, et al., 2020. Are riders of electric two-wheelers safer than bicyclists in collisions with motor vehicles? [J]. Accident Analysis and Prevention, 134: 105336.

Jacobsen P L, 2015. Safety in numbers: more walkers and bicyclists, safer walking and bicycling[J]. Injury Prevention, 21(4): 271-275.

Jia B, Li X G, Jiang R,et al. ,2007. Multi-value cellular automata model for mixed bicycle flow[J]. The European Physical Journal B, 56(3): 247-252.

Jiang H, Ren G, Zheng L, et al. , 2014. Properties analyses for the heterogeneous nonmotorized vehicle traffic based on cellular automaton model[J]. International Journal of Modern Physics B, 28(16): 1450099.

Jiang R, Jia B, Wu Q S, 2004. Stochastic multi-value cellular automata models for bicycle flow[J]. Journal of Physics A: Mathematical and General, 37(6): 2063.

Jin S, Qu X, Xu C, et al. , 2015. An improved multi-value cellular automata model for heterogeneous bicycle traffic flow[J]. Physics Letters A, 379(39): 2409-2416.

Jin S, Qu X, Zhou D, et al. , 2015. Estimating cycleway capacity and bicycle equivalent unit for electric bicycles[J]. Transportation Research Part A: Policy and Practice, 77: 225-248.

Kim J K, Kim S, Ulfarsson G F, et al. , 2007. Bicyclist injury severities in bicycle-motor vehicle accidents[J]. Accident Analysis and Prevention, 39(2): 238-251.

Lan L W, Chang C W, 2005. Inhomogeneous cellular automata modeling for mixed traffic with cars and motorcycles[J]. Journal of Advanced Transportation, 39(3): 323-349.

Lawson A R, Pakrashi V, Ghosh B, et al. , 2013. Perception of safety of cyclists in Dublin City[J]. Accident Analysis and Prevention, 50: 499-511.

Leden L, Gårder P, Pulkkinen U, 2000. An expert judgment model applied to estimating the safety effect of a bicycle facility[J]. Accident Analysis and Prevention, 32(4): 589-599.

Li Y, Ni Y, Sun J, 2021. A modified social force model for high-density through bicycle flow at mixed-traffic intersections[J]. Simulation Modelling Practice and Theory, 108: 102265.

Li Z, Wang W, Shan X, et al. , 2010. Analysis of bicycle passing events for LOS evaluation on physically separated bicycle roadways in China[C]//Proceedings of the 89th Annual Meeting of the Transportation Research Board, Washington, DC.

Liang X, Meng X, Zheng L, 2021. Investigating conflict behaviours and characteristics in shared space for pedestrians, conventional bicycles and e-bikes[J]. Accident Analysis and Prevention, 158: 106167.

Lin S, He M, Tan Y, et al. , 2008. Comparison study on operating speeds of electric bicycles and bicycles: experience from field investigation in Kunming, China[J]. Transportation Research Record(2048): 52-59.

Liu X，Shen L D，Ren F，1993. Operational analysis of bicycle interchanges in Beijing，China[J]. Transportation Research Record，1396：18-21.

Luo Y，Jia B，Liu J，et al. ，2015. Modeling the interactions between car and bicycle in heterogeneous traffic[J]. Journal of Advanced Transportation，49(1)：29-47.

Navin F P D，1994. Bicycle traffic flow characteristics：experimental results and comparisons[J]. ITE Journal,64(3)，31-37.

Nordback K，Marshall W E，Janson B N，2014. Bicyclist safety performance functions for a US city[J]. Accident Analysis and Prevention，65：114-122.

Panwinkler T，Holz-Rau C，2021. Causes of pedelec (pedal electric cycle) single accidents and their influence on injury severity [J]. Accident Analysis and Prevention，154：106082.

Paudel M，Yap F F，Rosli T B M，et al. ，2022. A computational study on the basis for a safe speed limit for bicycles on shared paths considering the severity of pedestrian head injuries in bicyclist-pedestrian collisions [J]. Accident Analysis and Prevention，176：106792.

Ren G，Jiang H，Chen J，et al. ，2016. Heterogeneous cellular automata model for straight-through bicycle traffic at signalized intersection[J]. Physica A：Statistical Mechanics and Its Applications，451：70-83.

Robinson D L，2005. Safety in numbers in Australia：more walkers and bicyclists，safer walking and bicycling[J]. Health Promotion Journal of Australia，16(1)：47-51.

Schepers P，Fishman E，Den Hertog P，et al. ，2014a. The safety of electrically assisted bicycles compared to classic bicycles [J]. Accident Analysis and Prevention，73：174-180.

Schepers P，Hagenzieker M，Methorst R，et al. ，2014b. A conceptual framework for road safety and mobility applied to cycling safety[J]. Accident Analysis and Prevention，62：331-340.

Schepers P，Kroeze P A，Sweers W，et al. ，2011. Road factors and bicycle-motor vehicle crashes at unsignalized priority intersections[J]. Accident Analysis and Prevention，43(3)：853-861.

Shackel S C，Parkin J，2014. Influence of road markings，lane widths and driver behaviour on proximity and speed of vehicles overtaking cyclists[J]. Accident Analysis and Prevention，73：100-108.

Tang K，Dong S，Wang F，et al. ，2012. Behavior of riders of electric bicycles at onset of green and yellow at signalized intersections in China [J]. Transportation research record(2317)：85-96.

Transportation Research Board, 2000. Highway Capacity Manual[M]. Washington, DC: Transportation Research Board.

Twisk D, Stelling A, Gent P U, et al., 2021. Speed characteristics of speed pedelecs, pedelecs and conventional bicycles in naturalistic urban and rural traffic conditions[J]. Accident Analysis and Prevention, 150: 105940.

Vasic J, Ruskin H J, 2012. Cellular automata simulation of traffic including cars and bicycles[J]. Physica A: Statistical Mechanics and Its Applications, 391(8), 2720-2729.

Vlakveld W, Mons C, Kamphuis K, et al., 2021. Traffic conflicts involving speed-pedelecs(fast electric bicycles): a naturalistic riding study[J]. Accident Analysis and Prevention, 158: 106201.

Wang D, Feng T, Liang C, 2008. Research on bicycle conversion factors[J]. Transportation Research Part A: Policy and Practice, 42(8): 1129-1139.

Wang D, Zhou D, Jin S, et al., 2015. Characteristics of mixed bicycle traffic flow on the conventional bicycle path[C]// Proceedings of the 94th Annual Meeting of the Transportation Research Board Washington, DC.

Wang Y G, Wei G, Zhu X, et al., 2011. Capacity of bicycle platoon flowat two-phase signalized intersection: a case analysis of Xi'an city[J]. Promet-Traffic and Transportation, 23(3): 177-186.

Weber T, Scaramuzza G, Schmitt K U, 2014. Evaluation of e-bike accidents in Switzerland [J]. Accident Analysis and Prevention, 73: 47-52.

Wei H, Huang J, Wang J, 1997. Models for estimating traffic capacity on urban bicycle lanes[C]// Proceedings of the 76th Annual Meeting of the Transportation Research Board, Washington, DC.

Weinert J, Ma C, Cherry C, 2007. The transition to electric bikes in China: history and key reasons for rapid growth[J]. Transportation, 34: 301-318.

Wu C, Yao L, Zhang K, 2012. The red-light running behavior of electric bike riders and cyclists at urban intersections in China: an observational study[J]. Accident Analysis and Prevention, 49: 186-192.

Xue S, Jia B, Jiang R, et al., 2017. An improved burgers cellular automaton model for bicycle flow[J]. Physica A: Statistical Mechanics and Its Applications, 487, 164-177.

Yang X F, Mao W, Fu Q, 2013. Modeling of bicycle flow based on dynamic floor field and cellular automata[J]. Acta Physica Sinica, 62(24): 1706-1721.

Zhang H, Shaheen S, Chen X, 2014. Bicycle evolution in China: from the 1900s to the present[J]. International Journal of Sustainable Transportation, 8(5): 317-335.

Zhang S, Ren G, Yang R, 2013. Simulation model of speed-density characteristics for mixed bicycle flow-comparison between cellular automata model and gas dynamics model [J]. Physica A: Statistical Mechanics and Its Applications, 392(20): 5110-5118.

Zhang X Q, Ying W, Hu Q H, 2014. Research and simulation on cellular automaton model of mixed traffic fow at intersection[J]. Acta Physica Sinica, 63(1): 010508.

Zhang Y, Wu C, 2013. The effects of sunshields on red light running behavior of cyclists and electric bike riders[J]. Accident Analysis and Prevention, 52: 210-218.

Zhao D, Wang W, Li C, et al., 2013. Modeling of passing events in mixed bicycle traffic with cellular automata[J]. Transportation Research Record(2387), 26-34.

Zhou D, Jin S, Ma D, et al., 2015. Modeling mixed bicycle traffic flow: a comparative study on the cellular automata approach[J]. Discrete Dynamics in Nature and Society, 2015: 420581.

Zhou D, Xu C, Wang D, et al., 2015. Estimating capacity of bicycle path on urban roads in Hangzhou, China [C]//Proceedings of the 94th Annual Meeting of the Transportation Research Board, Washington, DC.